G. ROGER

LE CARNET D'UN TÉNOR

PARIS

PAUL OLLENDORFF, ÉDITEUR

28 BIS, RUE DE RICHELIEU.

—

1880

Tous droits réservés.

LE
CARNET D'UN TÉNOR

G. ROGER

LE
CARNET D'UN TÉNOR

AVEC PRÉFACE DE PHILIPPE GILLE

ET

NOTICE BIOGRAPHIQUE PAR CHARLES CHINCHOLLE

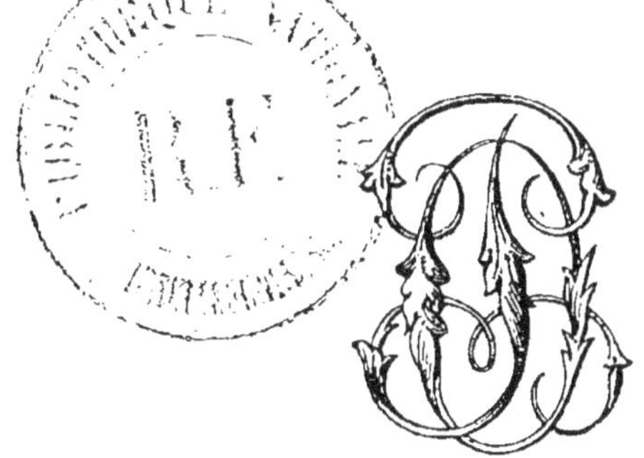

PARIS
PAUL OLLENDORFF, ÉDITEUR
28 *bis*, rue de Richelieu.

1880

PRÉFACE

———

Il suffira d'avoir seulement ouvert ce livre pour comprendre que le mot « préface » n'est pas celui qu'il eût fallu écrire en tête de ces quelques pages. *Avant-propos,* serait encore trop prétentieux et si j'avais pu les intituler « conversations sur Roger » je l'eusse fait bien plus volontiers. En effet, une préface a pour but de développer au lecteur les raisons qui ont porté un auteur à écrire un livre. Or, ici, il n'y a ni auteur ni livre, il y a un artiste qui, précipitamment, chaque soir, recueillait les impressions de sa journée, sans souci de la forme,

a

écrivant comme on fait à un ami très intime, et réservant, pour cette vieillesse qu'il ne devait pas atteindre, la lecture de quelques feuilles volantes.

Aussi la famille et les amis de Roger, du vaillant et grand artiste, si éclatant quand il plaidait pour son art, si modeste quand il parlait de lui-même, eussent-ils rejeté toute idée de la publication de ce carnet, si Roger ne l'eût pour ainsi dire commencée de son vivant.

Vers 1872, Villemessant me parla du projet qu'il avait de faire paraître quelques anecdotes que Roger lui avait racontées récemment. Les anecdotes, c'était pour lui toute la vie de son journal, et il n'eût pas, pour tout au monde, laissé passer celles de cet ami intime à qui il savait tant d'esprit, tant de justesse d'observation. Aussi furent-ils bien vite d'accord; Roger, craignant toujours de voir sa personnalité mise en jeu (que de comédiens ne comprendront guère ce sentiment!) demanda que l'un de nous examinât son memento pour choisir avec lui les passages qui pouvaient le plus intéresser les lecteurs d'un journal.

— Surtout, mon cher ami, dit-il à Villemessant, je vous en prie, ne vous gênez pas avec moi, du jour où vous ne me trouverez pas intéressant, supprimez tout ce qui vous paraîtra de trop, coupez, rognez, je suis habitué aux amputations !

Et en disant ces derniers mots, le pauvre Roger montrait son bras artificiel, et cela en souriant, en faisant des plaisanteries « pour ne pas attrister les autres ! » comme il disait.

Le carnet parut par fragments et obtint un véritable succès au *Figaro*, si bien que plus tard il en publia une seconde série.

C'est à cette occasion que je connus plus intimement Roger. Plusieurs fois nous nous étions rencontrés dans le monde et la sympathie s'était bien vite et très facilement établie.

Roger me raconta alors sa biographie et comment il avait vécu dans une longue intimité avec Villemessant et sa famille. A ce propos, il me rapporta une anecdote qui faisait la joie du fondateur du *Figaro*. Je la copie, à peu de chose près, dans le septième volume manuscrit et inédit de ses *Mémoires d'un journaliste*.

Nous avions, Roger et moi, dit Villemessant, la manie des grandes réceptions; un beau soir, Roger donna un bal qu'il intitula : *Bal de poissardes*. Tous ceux qui y étaient invités devaient y venir costumés en personnages de la halle, marchands de denrées, etc., etc. La mesure était de rigueur, et je me rappelle que Roger avait, pour conserver la couleur locale, fait venir dans son salon un grand comptoir d'étain pourvu de brocs, litres, setiers, tourniquet, derrière lequel Mme Roger faisait les honneurs de sa maison ainsi que madame Ramponneau les eût faits dans son cabaret.

De tous les côtés on avait placé de petites tables comme chez les marchands de vins et dans les guinguettes ; la mise en scène était charmante, l'illusion complète. Je vois encore Mario Uchard costumé en portefaix, celui-ci en garçon charcutier, celui-là en boulanger, etc. Il y en avait de gros, de maigres, de toutes les façons, mais rien que des artistes et des gens du monde.

Le bal avait lieu rue Turgot, au rez-de-chaussée. Je devais m'y rendre travesti en fort de halle. Le costume n'est pas difficile à confectionner, mais encore faut-il qu'il soit bien porté ; comme la recommandation des hôtes était d'être « nature, » je pensai ne pouvoir mieux faire que d'aller étudier, à la halle aux blés, les allures et la démarche des forts. A peine y étais-je arrivé que je fus reconnu par un marchand de grains.

— Que venez vous faire ici ? me demanda-t-il.

Je lui expliquai mon but en le priant de m'aider de ses lumières.

— Oh ! fit-il, vous n'avez pas à aller bien loin, regardez-moi ces deux gaillards-là !

Et il me montra deux géants, en vêtements de velours, blanchis par la farine, assis sur deux bornes, et mangeant chacun un gros morceau de pain sur lequel ils serraient affectueusement du pouce un morceau de veau dont la vue me donnait faim.

Je ne pus réprimer un mouvement d'admiration, en considérant ces deux magnifiques garçons qui, malgré leurs airs d'hercules, paraissaient fort intelligents et avaient des regards doux comme ceux des jeunes filles.

— Sapristi, dis-je à mon grainetier, je voudrais bien être costumé aussi élégamment que ces gentilshommes !

Tout à coup je m'arrêtai en présence d'une idée qui venait de me pousser. Elle était folle; mais, pour aller à un bal masqué, on n'est pas forcé d'être absolument dans son bon sens. Je me fis présenter à nos deux forts.

— Messieurs, leur dis-je, cela vous amuserait-il de venir ce soir à un bal chez un de nos amis, M. Roger, de l'Opéra ?

Tous deux se regardèrent un peu étonnés.

— Il n'y aura chez lui que des forts de halle, à peu de chose près.

Sur un signe du grainetier, tous deux répondirent avec un ensemble qu'envieraient les frères Lyonnet :

— Tout de même !

Puis, un instant après, l'un d'eux dit à l'autre :

— Eh bien, partons pour nous habiller !

— Jamais ! m'écriai-je avec véhémence, n'allez pas mettre d'habits noirs, on ne vous recevrait pas ! D'ailleurs, vous n'avez pas à venir avant minuit et vous me demanderez. Voici ma carte et l'adresse de M. Roger.

Puis je me retirai après avoir fait tout bas une recommandation à mon grainetier.

Le soir, en arrivant, je dis à Roger : Vous m'excuserez, mais je me suis permis d'inviter deux amis à votre bal.

— Comment donc ! mais c'est tout naturel ! me répondit-il.

A peine la fête était-elle commencée qu'on

m'apporta ma carte. Je sortis aussitôt et je trouvai mes deux invités qui, pour compléter leur costume, avaient d'après, les indications du grainetier, apporté chacun un sac de farine ; ils les avaient déposés dans l'antichambre, à côté du vestiaire. Je les fis entrer. Ils ne témoignèrent aucun étonnement et saluèrent Roger fort. poliment mais sans exagération, quand je les lui présentai.

— Ma foi, messieurs, dit Roger en les regardant et en cherchant à les reconnaître sous leur farine, je suis artiste, je me crois assez fort en costumes, mais je puis vous déclarer que jamais je n'en ai vu de plus réussis que les vôtres. Est-ce assez nature !

— Ch'est comme cha ! répondit l'un d'eux, sans bien comprendre, probablement.

— Et l'accent y est aussi ! s'écria Roger en riant aux éclats.

Puis il les fit entrer dans le salon, dont les deux géants firent le tour au pas. Des cris d'admiration les accueillirent sur tout le parcours.

— Ce sont des peintres ! non, des sculpteurs ! c'est Pierre ! c'est Jacques ! c'est celui-ci ! c'est celui-là ! murmuraient sur leur passage tous les groupes qui cherchaient à les deviner.

— Ne les regardez pas trop ! dis-je à quelques invités, ce sont deux personnages que vous reconnaîtriez bien vite si vous vouliez, mais qui désirent garder l'incognito.

Et la promenade continua.

Voyant que mes deux forts ne savaient plus guère que faire après le premier tour de salon :

— Dansez ! mes enfants, leur dis-je ; amusez-vous ! vous êtes ici pour cela ; invitez celles qui vous plairont !

Ils ne se firent pas répéter deux fois la chose ; toutes les dames les admiraient, c'était à qui danserait avec eux. Ils les faisaient sauter comme des enfants, ils jonglaient avec elles !...

Chacun, en passant près de mes hercules. pouffait de rire : on les apostrophait, on leur tapait sur le dos, d'où sortaient des nuages de farine.

Le bal fini, on se mit à table.

Les deux forts mangèrent et burent d'une telle façon, que les autres convives crurent à une plaisanterie; on suivait leurs mouvements du regard pour voir s'ils n'escamotaient pas les mets.

— Ils imitent même la faim et la soif! me dit Roger enthousiasmé.

— Je trouve même qu'ils exagèrent un peu! fis-je froidement et en homme qui craint que ceux qu'il a présentés ne montrent un peu trop de sans-gêne.

Tout a une fin, même les bals de poissardes! Il fallut se séparer.

Chacun, dans l'antichambre, regarda les sacs de farine; on riait, on croyait qu'il n'y avait dedans que de légères rognures de papier. Un petit monsieur essaya d'en soulever un, et se recula en écarquillant considérablement les yeux ; un autre invité , puis deux autres, puis dix autres firent tous les efforts imaginables pour les remuer seulement; personne n'y parvint.

— Partons, vicomte ! partons, marquis ! leur dis-je de mon air le plus courtois.

Aussitôt, sans mot dire, sans le moindre effort, mes deux invités s'emparèrent de leurs sacs, les hissèrent sur leurs épaules et s'éloignèrent aussi légèrement que des bergères d'opéra-comique portant des corbeilles de fleurs !

De tous côtés s'éleva un cri d'admiration ; je baissai modestement les yeux en disant : Tous mes amis sont comme cela !

— Vous êtes un farceur ! me dit tout bas Roger, vous m'avez amené tout bonnement deux forts de halle ; que ce fatal secret reste à jamais entre nous !

Et le secret fut gardé.

Ainsi finit l'anecdote, et si je l'ai contée si

longuement, c'est qu'elle touche à un point du caractère de Roger très significatif, à Roger en dehors du théâtre.

Au contraire de la plupart des artistes qui croient qu'on n'est digne de ce nom qu'en prenant certaines allures, en adoptant de singulières libertés de conduite et de langage, en portant une certaine livrée de vulgarité, Roger a été, avant même de devenir un grand artiste, un homme du monde. Son côté grand seigneur n'a échappé à aucun de ceux qui l'ont connu, et, tout en restant le camarade des plus humbles de ses confrères, il a été toujours instinctivement séparé de la bohême dramatique par son éducation, ses manières, et le sentiment profond de son art.

Il suffit de parcourir le *carnet d'un ténor* pour constater la vérité de ce que j'avance. Sous ces phrases familières jetées au hasard, au courant de la plume, on trouvera toujours le lettré, l'homme courtois mais fier, l'homme de race.

Ce qui ressort aussi de cette lecture, c'est la rare conscience qui a guidé Roger dans toute sa carrière. Nul n'a eu plus de scrupule, plus de respect pour le public et pour les maîtres de l'art. La façon dont il parle de Mme Pauline Viardot en est une preuve frappante. Sévère, très sévère même, dans les premiers jugements qu'il porte sur elle, Roger n'hésite pas à revenir sur ses opinions à mesure que la lumière se fait dans son esprit, et ses dernières notes sont pleines de l'enthousiasme qu'il professait pour la digne sœur de la Malibran.

Bien des fois Roger m'a parlé de Meyerbeer, et j'ai retrouvé dans ses notes toutes les impressions qu'il m'avait communiquées.

— Savez-vous, me dit-il un jour avec un de ces élans d'amitié dans lesquels on devinait tout son cœur, savez-vous pourquoi je vous aime bien ? c'est parce que vous aimez Meyerbeer et le *Prophète*.

— Qui vous a dit cela ?

— Je sais que vous avez poussé l'enthousiasme, étant tout jeune homme, jusqu'à aller figurer à une représentation de ce chef-d'œuvre à l'Opéra, afin de le mieux entendre.

C'était la vérité. Entraîné, par notre admiration pour le *Prophète*, nous avions, moi et un de mes amis, devenu depuis un peintre estimé, formé le projet de voir de près ces merveilleux décors, de vivre un instant dans ces costumes, dans l'époque de Jean de Leyde. Aussi, un beau soir, mon ami et moi, affublés de vieux paletots et coiffés d'horribles casquettes pour n'être pas reconnus (nous que personne ne connaissait!) nous nous étions rendus à sept heures du soir chez le marchand de vins dont la boutique faisait face, par la rue Drouot, au couloir de l'Opéra. Pour être agréés plus facilement, nous avions pris chacun un verre de vin blanc sur le comptoir. Cette basse politesse faite au débitant, je lui confiai l'objet de notre visite.

— Ah, il est trop tard! nous répondit-il

avec indifférence, on vient de prendre les derniers comparses.

— Mais, n'y a-t-il plus moyen?... demandâmes-nous d'un air un peu trop suppliant peut-être.

— On va voir!

Puis, ayant dit deux mots à l'oreille d'un garçon qui disparut aussitôt dans le couloir de l'Opéra, il nous reversa, sans nous consulter, d'autorité, deux autres verres de vin. Nous les bûmes et les payâmes, espérant tout bas que la conscience du marchand de vins ne lui permettrait pas de nous faire avaler un pareil vinaigre s'il ne devait pas nous procurer une compensation.

En effet, au bout de quelques minutes, le garçon revenait avec un petit homme noir à l'air très sévère :

— Où sont-ils? dit-il en entrant dans la boutique; sont-ce de beaux hommes?

— Les voilà! fit le marchand de vins en nous désignant.

-— Ils ne sont pas grands ! observa-t-il dédaigneusement. Puis, après un examen des plus méprisants : allons, montez tout de même !

Nous gravîmes radieux le grand escalier, et nous fûmes conduits au vestiaire où l'on devait nous échanger nos vêtements civils contre des costumes héroïques.

Le cloaque dans lequel on nous introduisit était ce que j'ai vu au monde de plus répugnant. Qu'on se figure un entrepont fort bas, éclairé de quinquets fumeux, tapissé d'étoffes, de brillantes armures, de vêtements en guenilles, peuplé de seigneurs et de gardes du moyen âge, superbes d'aspect, odieux dès qu'ils avaient ouvert la bouche, et l'on aura idée de notre étonnement.

Néanmoins l'aspect artistique s'imposait, et je vois encore deux lansquenets, à cheval sur un banc, jouant au piquet avec des cartes crasseuses, où le pouce avait fait un trou ; c'était un Meissonier vivant.

Le bourreau parut. En présence de ce grand gaillard vêtu de rouge, nous ne pûmes réprimer un mouvement d'admiration; on eût dit d'un Holbein. C'était tout un musée de tableaux anciens et modernes. Il chercha dans les haches en fer-blanc qui se trouvaient dans une armoire celle qui s'emmanchait le mieux à sa main, puis la regardant en connaisseur, après l'avoir fait sauter deux ou trois fois :

— Elle est rudement *dêche* aussi! dit-il avec une moue de dédain, et il disparut pour monter en scène.

Nous étions consternés. Notre désappointement fut doublé quand nous apprîmes que nous ne pourrions paraître qu'au troisième acte; et l'on venait à peine de commencer! Que faire jusque-là!

On nous habilla enfin en trabans de la garde du prophète, costumes rouges à crevés, magnifiques plaques d'or brodées aux armes de Jean de Leyde sur la poitrine. Cela nous consola. Nous prîmes des attitudes, et commençâmes à penser moyen âge. On nous avait posé de fortes barbes noires qui nous rendaient méconnaissables l'un à l'autre.

Le moment de monter au théâtre arriva ; nous allions enfin voir cette immense cathédrale, nous trouver à quelques pas de Roger, assister à cette scène merveilleuse où il se montrait si grand chanteur et si grand comédien ! On nous fit prendre les rangs, et nous entrâmes en scène sur l'air de la célèbre marche. Pour moi, j'étais littéralement ébloui par les lumières, par l'aspect nouveau de cette salle qui me semblait toute noire, par l'éclat de la rampe qui nous en séparait, et surtout par l'exiguïté de cette cathédrale, dont un prodige de peinture avait fait, pour le spectateur, une immensité.

Mon ami, un peu myope, n'était ni moins ému ni moins troublé que moi. Tant et si bien, que tout d'un coup j'entendis une grosse voix crier derrière moi :

— Mais où court-il donc, ce serin-là? Il va se jeter dans la loge du souffleur !

Je frémis et regardai. Ce n'était pas à moi que ce discours s'adressait; c'était à mon excellent camarade qui, probablement ébloui comme un papillon par ce torrent de lumières, se dirigeait au pas, et la hallebarde au bras, vers la rampe, se croyant toujours dans les rangs qu'il avait quittés !

On le rattrapa; nous nous mîmes à genoux sur l'ordre du roi-prophète, et nous tirâmes le glaive ! Nous nous préparâmes enfin à admirer tranquillement la musique de Meyerbeer.

Aussitôt, hélas! on nous fit rentrer dans notre entrepont, d'où nous ne sortîmes qu'au dernier tableau, pour assister à l'incendie du palais. D'horribles et bruyants pétards nous éclatèrent dans les jambes; nous étions ahuris, à ce point que Roger, se tournant vers nous, nous dit :

— Mais jetez-vous donc par terre !

— Tordez-vous sur vos lances ! nous cria le chef de la figuration.

Je me tordis ; la toile tomba, et immédiatement on nous fit rentrer dans le terrible entrepont, pour nous dépouiller de nos costumes.

— Nous n'accepterons pas la rétribution qu'on donne aux comparses ! me dit, avec un accent plein de délicatesse, mon ami, qui se rajustait comme moi.

Je tombai d'accord avec lui qu'il fallait révéler ainsi que nous n'étions pas de la même pâte que les figurants vulgaires.

Nous en fûmes pour nos frais de générosité ; on ne nous offrit rien, et nous n'eûmes même pas un remerciement. L'administration de l'Opéra nous doit encore quarante sous !

C'est à cet épisode quelque peu comique de ma jeunesse, que Roger faisait allusion en me parlant de Meyerbeer. On le lui avait dit, et il me le raconta lui-même, avec une verve charmante, quand je le vis à Bade, où il venait de créer le principal rôle dans la *Colombe* de Gounod.

Déjà, à cette époque, un terrible accident avait nécessité l'amputation de son bras. Je ne sais rien de plus profondément triste, rien qui donne en même temps plus de sympathie pour Roger que le récit qu'il fait de cette terrible journée de sa vie dans les dernières pages de son carnet. C'est là qu'on voit toute la vaillance de sa nature et à quel point il aimait cet art qui lui fait oublier de si cruelles souffrances.

La gaîté de Roger était inaltérable, elle n'avait rien de forcé, et elle était comme le témoignage de la pureté et de la tranquillité de sa conscience. Roger avait le cœur trop haut pour que les jalousies de théâtre y pussent atteindre; jamais je ne l'ai entendu médire d'un autre artiste, mais cent fois je lui ai vu faire l'éloge de ceux qui l'entouraient. Ses appréciations sur Jenny Lind, sur son talent en font foi; qu'on lise ce qu'il pensait de Duprez et le cas qu'il fait des critiques dont on voulait l'accabler. On ne sait qui avait dit que Duprez ouvrait trop la bouche. — « Qu'est-ce que cela fait ? dit Roger. Dans ce « large moule du rythme, il sait mettre du « bronze et s'il ouvre la bouche trop grande, « au moins on lui voit le cœur ! »

On sent, rien qu'à ces quelques lignes, que Roger savait penser et écrire. En feuilletant le *Carnet d'un ténor*, je trouve une silhouette très curieuse du futur empereur Napoléon III ; sa prédiction n'est point de celles qui se font après coup ; elle est des plus frappantes. Roger d'ailleurs, observait beaucoup et voyait juste. Son extrême bienveillance était loin d'être banale ; il avait beaucoup regardé, beaucoup étudié, et savait qu'il faut être indulgent pour la nature humaine. Un ingrat ne l'étonnait ni ne le décourageait, il faisait le bien pour le plaisir de le faire, et ouvrait son cœur et sa main sans trop se soucier de la reconnaissance. Aidé dans ses bonnes œuvres par celle qui a veillé sur lui avec la tendresse d'une épouse et d'une mère et qui le pleure aujourd'hui, jamais Roger n'a eu une défaillance dans le bien qu'il croyait pouvoir faire. Et tout cela légèrement, facilement, gaîment, avec une apparente insouciance même.

— Mon bras de moins, me disait-il un jour, m'a beaucoup servi. J'ai appris à réfléchir pendant ma convalescence. J'étais peut-être monté un peu trop haut et je m'exagérais parfois l'importance de la créature humaine ; un coup de fusil a suffi, il a cassé une aile à ma rêverie et je suis retombé sur la terre. Bah ! ne nous attendrissons pas ! je continuerai tout de même à chanter le duo de la *Dame blanche*, seulement je ne pourrai plus dire avec tant d'expression, dans le duo :

Cette main si jolie !

en pensant à celle que j'ai maintenant !

Et il se mit à rire, ni trop, ni trop peu,

juste ce qu'il fallait, toujours « pour ne pas attrister ».

Les années vinrent; le théâtre ne pouvait plus donner à Roger ses succès du passé; loin de s'imposer au public, il se retira dans le professorat et y fit les élèves que l'on sait. Sa vie entière était à eux, et c'est à leur communiquer sa chaleur, sa conscience d'artiste, qu'il a usé ses derniers jours.

Que de fois ne l'avons-nous pas rencontré, descendant cette avenue Frochot, où il demeurait, ruisselant de sueur, épuisé par les leçons de la journée, mais l'air rayonnant, satisfait, de l'homme qui vient d'accomplir un devoir avec passion.

— Savez-vous, me dit-il un jour, de quoi il pourrait être question pour moi? de la croix de la Légion d'honneur.

— En effet, lui répondis-je, votre talent, votre vie, vous ont depuis longtemps désigné.

— Et puis, ajouta-t-il, en redressant crânement la tête, par un geste familier, on sait que j'ai toujours défendu l'art avec conviction et que, pour obtenir cette récompense, je n'ai commis aucune bassesse, aucune platitude devant le pouvoir existant.

A cette dernière phrase, je ne pus réprimer un imperceptible sourire.

— C'est juste! me dit-il en me serrant la main; je crois bien que je ne serai jamais décoré!

Il avait encore dit vrai.

La maladie vint qui ne sut abattre ni sa foi ni son courage. Je le rencontrai un soir. Il avait le teint très animé, l'œil brillant de fièvre, la voix saccadée.

—Eh bien, Roger, lui dis-je, comment allez-vous?

— Moi, me dit-il, en se frappant la poitrine et en souriant avec une expression singulière, je m'en vais!

Et il s'éloigna à demi vacillant, mais se

redressant avec énergie, pour ne pas laisser voir une faiblesse physique.

Il s'en alla en effet! et le nombre d'amis qu'on a comptés à ce départ a appris à ceux qui pouvaient l'ignorer la valeur de l'homme et de l'artiste qui venait de disparaître.

*
* *

Avant de continuer cette préface, je viens de relire les pages écrites. Je me demande si ceux qui daigneront y jeter les yeux ne les trouveront pas un peu légères, dans la forme du moins.

Tout réfléchi, je pourrais répondre que si je n'ai pas voulu écrire une préface comme je l'ai dit en commençant, je n'ai pas pensé non plus faire une oraison funèbre. Et puis mon sentiment est qu'il faut laisser dans leurs couleurs, dans leurs tonalités, les sujets qu'on traite et que tout doit concourir à représenter le personnage qu'on veut faire connaître. Le

cadre même d'un tableau, et surtout d'un portrait, n'est point indifférent et doit être fait
dans le caractère de la peinture. Enfermer
une marquise du temps de Louis XV dans
une dorure ornée comme celle de la figure de
Cromwell serait commettre un ridicule contre-
sens.

Roger était gai, varié, anecdotique; c'est là
ce qui m'a autorisé à sortir des préfaces régle-
mentaires dont la forme est prescrite on ne
sait trop par qui.

Je n'ai pas voulu non plus peindre l'homme;
la notice biographique et le *Carnet d'un ténor*,
suffisent amplement à le préciser. J'ai cherché
à esquisser une silhouette du grand artiste,
de l'homme de bien que j'ai eu le bonheur de
connaître. Si je n'y ai pas réussi, je prie qu'on
ne songe qu'à mon intention. Mais, pour me
résumer, je crois que pour donner idée de
Roger à ceux qui ne l'ont pas connu, il ne
faut pas rappeler l'oiseau funèbre des nuits,
qui pousse un cri lugubre perdu dans les

cyprès, mais le rossignol qui symbolise la jeunesse brillante, lumineuse, le génie des premiers soleils, chantant librement la nature et le nouveau mois de mai sur un rameau fleuri.

PHILIPPE GILLE.

Paris, le 22 juin 1880.

NOTICE BIOGRAPHIQUE

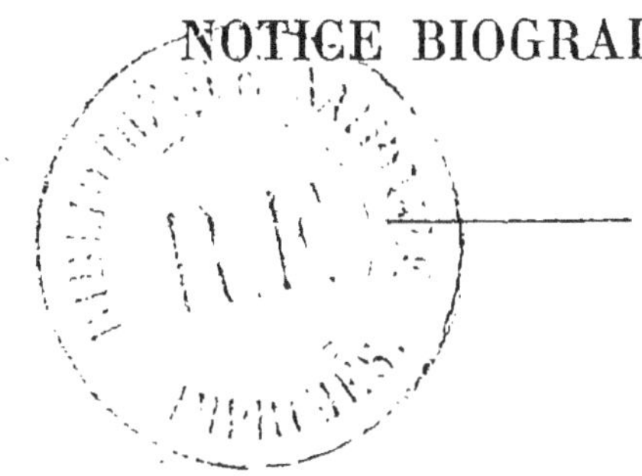

Je me souviens qu'un jour de 1863 Samson, l'éminent
sociétaire de la Comédie-Française, avant de commencer,
dans l'amphithéâtre de l'École de médecine, une confé-
rence artistique au profit d'une œuvre quelconque, répondit ainsi à l'ovation qu'on lui faisait :

— Vous saluez mon entrée par des applaudissements.
Ah ! vous avez bien raison : ne nous épargnez, à nous
autres, acteurs, aucune fête. Consolez-nous de savoir, au
milieu de nos plus grands succès, qu'il ne restera rien de
nous, et que le plus illustre d'entre tous les artistes dra-
matiques n'a pas le droit de dire avec Horace : Non
omnis moriar. Je ne mourrai pas tout entier.

De Roger au moins il restera quelque chose.

Grâce à ce livre, la trace brillante qu'il a laissée à
l'Opéra-Comique, à Londres, à Bruxelles, à Saint-Pétersbourg, en Allemagne, en Autriche, enfin à l'Opéra, ne
s'effacera point. Les artistes des temps futurs se plairont

à lire dans le Carnet d'un Ténor *le récit anticipé de leurs propres émotions. Les curieux y chercheront des renseignements précis sur Meyerbeer, sur Halévy, sur Auber, sur Massé. Le public d'après-demain, comme celui d'aujourd'hui, y trouvera des anecdotes.*

Évidemment l'on s'étonnera de ne point assister, dès le commencement de ce compte rendu quotidien, aux premiers débuts de Roger. Cette lacune est la preuve de l'authenticité de cet ouvrage. N'ayant voulu donner absolument que les pensées et les appréciations du célèbre artiste, nous avons brusquement commencé le Carnet d'un Ténor *à la date où il l'a commencé lui-même.*

Çà et là, d'ailleurs, il se plaît à revenir sur sa première jeunesse.

*M*ᵐᵉ *veuve Roger, — celle que presque à chaque page son mari appelle affectueusement Fanny — a pensé qu'une courte biographie contrôlée par elle serait le complément indispensable de ce carnet tout intime. La voici :*

Gustave Roger, qui devait tant ajouter à la gloire artistique de Paris, est un Parisien. Il est né à la Chapelle-Saint-Denis, le 17 décembre 1815.

L'homme est toujours dans l'enfant. Roger n'avait pas appris au Conservatoire l'élégante distinction qu'il avait au théâtre. Il la devait à son éducation première. Fils d'un notaire, mais petit-neveu du comte Ready de la Grange, gouverneur d'Arras et de Beauvais, neveu du baron Roger, député du Loiret, il fut élevé moins en bourgeois qu'en gentilhomme.

Quant à l'instinct artistique, il le tenait de son grand-père, l'artiste Corsse, qui avait été à la fois le principal acteur et l'un des premiers directeurs de l'Ambigu, où il créa, entre autres rôles, celui de Madame Angot, un travesti célèbre. Les parents qui vivaient disaient à Roger : « **Tu seras notaire.** » *L'ombre de Corsse lui insufflait :* « **Tu seras acteur.** » *Et ce fut le mort qui eut raison contre les vivants.*

Dans la charmante histoire, datée d'un jour de pluie et intitulée : Une Filade, *Roger lui-même vous racontera plus loin qu'il commença ses études au Marais, chez « le père Petit », qui lui faisait suivre les cours du collége Charlemagne. Il les finit à Louis-le-Grand. Une fois bachelier, il devait faire son droit, tout en travaillant dans une étude d'avoué.*

La famille propose, et la vocation dispose.

Roger qui, au collége, se cachait pour lire des pièces de théâtre ou pour étudier de la musique, brûlait de marcher le plus vite possible sur les traces de son grand-père Corsse.

Il entra comme amoureux de vaudeville à la salle Chantereine, rue de la Victoire. Qu'on juge de la fureur de son oncle, le député du Loiret, en apprenant cette épouvantable nouvelle...

Vite, en exil, le drôle ! On l'envoya dans une étude située fort loin de la salle Chantereine, à Argentan, où il n'y avait pas même de théâtre.

C'était donc bien l'occasion d'en créer un. Roger n'y

*faillit pas. M. Nuitter, qui a réuni à l'Opéra une si cu-
rieuse collection d'affiches, paierait cher la fantaisiste
affiche jaune sur laquelle on lisait :*

ARGENTAN

Avec la permission de M. le Maire,

Aujourd'hui 15 *août* 1836
GRANDE REPRÉSENTATION EXTRAORDINAIRE
A l'auberge du *Lion d'Or*

CÉLINA

OU L'ENFANT DU MYSTÈRE
Comédie en trois actes, de Scribe

LA TOUR DE NESLE

Comédie en cinq actes, avec combats, travestissements,
transformations, par Scribe

LE DÉSESPOIR DE JOCRISSE

Comédie en un acte, de Scribe
Le spectacle sera terminé par le célèbre duo de la *Vestale*,
de Scribe, arrangé pour cor de chasse et guitare.
Rétribution à volonté et en sortant seulement.

GUSTAVE ROGER, DIRECTEUR

*A cette représentation, vraiment extraordinaire, assis-
tait le notaire chez qui Roger avait pour unique tâche de
grossoyer des contrats de mariage et des obligations hypo-*

thécaires. Il applaudit son clerc qui s'était généreusement attribué les principaux rôles ; mais, le lendemain, il le mit à la porte.

Roger fut envoyé alors à Montargis.

Au bout de quelques jours, même histoire.

Décidément, il était inutile de lutter.

La famille céda. Roger revint à Paris et entra au Conservatoire, où il fut admis le premier sur quarante concurrents. Un an après, il en sortait avec deux premiers prix, celui de chant et celui de déclamation, et entrait à l'Opéra-Comique.

Il y débuta le 16 février 1838, dans l'Éclair. De ce jour, il était classé. Son succès fut vraiment prodigieux. Il sembla que le rôle de Georges avait été fait pour ce charmant jeune homme de vingt-deux ans, d'une distinction et d'une élégance si rares au théâtre.

Toute la presse acclama l'astre levant.

Roger allait avoir d'importants rôles à créer dans les ouvrages sur lesquels la direction fondait le plus d'espérances.

En moins de dix ans, il a joué dix-neuf pièces nouvelles, en tout cinquante et un actes inédits.

On nous saura gré d'ailleurs d'avoir dressé le tableau ci-contre que l'on peut considérer comme un document officiel :

TITRES DES PIÈCES	NOMBRE D'ACTES	NOMS		ROLES	DATES de la 1re représentat.
		des auteurs dramatiques	des compositeurs de musique		
Le Perruquier de la Régence.	3	Planard et Duport.	Ambroise Thomas.	du Marquis.	30 Mars 1838.
La Figurante.	5	Scribe et Dupin.	Clapisson.	d'Arthur.	24 Août id.
Thérésa.	3	Planard et de Leuven	Carafa.	d'Henri.	27 Sept. id.
Régine.	2	Scribe.	Ad. Adam.	de Roger.	17 Janv. 1839.
Le Schérif.	3	Scribe.	Halévy.	d'Edgard.	2 Sept. id.
Eva.	2	de Leuven et Bruns-wick.	Copilla et Girard.	de Gustave.	9 Décembre id.
L'Elève de Presbourg.	1	Vial et T. Muret.	Luce.	d'Haydn.	24 Avril 1840.
Le Guitarero.	3	Scribe.	Halévy.	de Riccardo.	21 Janv. 1841.
L'Aïeule.	1	Saint-Georges.	A. Boïeldieu.	d'Hector.	17 Avril id.
Le Diable à l'Ecole.	1	Scribe.	Ernest Boulanger.	de Stenio.	17 Janv. 1842.
Le Duc d'Olonne.	3	Scribe et Saintine.	Auber.	du Chevalier.	4 Février id.
Le Code Noir.	3	Scribe.	Clapisson.	de Donatien.	9 Juin id.
La Part du Diable.	3	Scribe.	Auber.	de Raphaël.	16 Janv. 1843.
Nina ou le ménage à trois.	3	Planard.	Ambroise Thomas.	de Limbourg.	10 Octobre id.
La Sirène.	3	Scribe.	Auber.	de Scopetto.	26 Mars 1844.
La Barcarolle.	3	Scribe.	Auber.	de Fabio.	22 Avril 1845.
Les Mousquet. de la Reine.	3	Saint-Georges.	Halévy.	d'Olivier.	3 Février 1846.
Gibby la Cornemuse.	3	de Leuven et Bruns-wick.	Clapisson.	de Gibby.	19 Nov. id.
Haydée.	3	Scribe.	Auber.	de Lorédan.	28 Déc. 1847.

Citons aussi les principales reprises : le Déserteur, le Domino noir, la Dame blanche, l'Éclair, le Chalet, Richard Cœur-de-Lion, le Pré aux Clercs, *qui furent pour Roger l'occasion d'autant de succès.*

A l'époque où il prit la résolution de noter quotidienne-ment sur le grand et gros livre couvert en chagrin, qu'il a appelé le Carnet d'un Ténor, l'histoire de sa vie, Roger, malgré une suite non interrompue de véritables triomphes, rêvait déjà de quitter l'Opéra-Comique, où il se trouvait à l'étroit. Les œuvres magistrales et puissantes de notre Grand-Opéra l'attiraient.

Puis Meyerbeer avait en portefeuille le Prophète.

Meyerbeer avait remarqué, admiré Roger.

Roger seul lui semblait digne du rôle de Jean.

Que Roger quitte l'Opéra-Comique pour passer à l'Opéra, et Meyerbeer livrera la plus admirable œuvre musicale que l'Opéra ait jamais produite.

Il est vrai que si M. Basset, directeur de l'Opéra-Comique, semblait peu tenir à garder Roger, le directeur de l'Opéra, combattu chaque jour par ses pensionnaires ordinaires, tous jaloux du jeune ténor, ne lui ouvrait pas encore les bras. Cela suffira à faire comprendre pourquoi Roger parle si souvent d'eux avec tant d'amertume.

Le Carnet d'un Ténor ouvre sur les dernières répéti-tions de l'Éclair. Roger dit qu'il va y succéder à Chollet. Or, tout à l'heure nous le montrions débutant dans le rôle de Georges, où il succédait à Couder. C'est qu'en effet, dix années avaient modifié la voix du jeune ténor, dont le diapason était devenu plus étendu, plus abondant en sons graves. Après avoir joué en 1838 le rôle de Georges, il pouvait chanter, il chanta en 1847 le rôle de Lionel.

Ce fut à Londres — où il passa les sept derniers mois de 1847 et ceux de 1848, — qu'il se prépara à débuter à l'Opéra, en chantant aux Anciens-Concerts les principaux morceaux de notre premier théâtre, et à l'Opéra-Italien la Sonnambula *et* Lucia.

Roger y était parti en congé. La révolution de 48 déchira son engagement. Quand il revint pour la deuxième fois de Londres, c'était pour débuter enfin à l'Opéra.

La soirée du 16 avril 1849 (première représentation du Prophète) *fut évidemment la plus triomphale de sa vie. Il faut lire tout ce qu'on écrivit le lendemain sur Roger, qu'on appelait le* Roi-Prophète. *Le chanteur et le comédien avaient eu un égal succès. Dès ce jour, tous les compositeurs allaient se le disputer. Il créa le principal rôle de* l'Enfant prodigue, *d'Auber, le 6 décembre 1850 ; du* Démon de la nuit, *de Rosenhain, le 17 mars 1851 ; du* Juif-Errant, *d'Halévy, le 23 avril 1852 ; de la* Fronde, *de Niedermeyer, le 2 mai 1853 ; de* Sainte-Claire, *de* S. A. R. le duc *de Saxe-Cobourg-Gotha, le 27 septembre 1855 ; d'*Herculanum, *de Félicien David, le 4 mars 1859, sans parler des reprises de la* Favorite, *de* Lucie, *du* Trouvère, *des* Huguenots, *de la* Reine de Chypre, *de la* Vestale, *etc.*

Travailleur ardent, chanteur infatigable, Roger, de 1850 à 1859, alla, pendant ses congés, sept fois en Alle-

*magne, où il chanta à Berlin, à Francfort et à Hambourg
les Huguenots dans la langue nationale. C'est à Francfort que, sous une pluie battante, tous les spectateurs
enthousiasmés lui donnèrent sous ses fenêtres une sérénade qui lui faisait venir les larmes aux yeux chaque
fois qu'il en parlait.*

*Nous voudrions n'avoir point à rappeler la fin de sa vie
qui fut si attristée. Est-il donc écrit que chacun payera
cher son bonheur, soit avant, soit après? Le jour vint,
en 1859, où le destin dit à Roger : « C'est assez de
gloire ! »*

*Une arme éclata dans les mains de l'artiste, dont on dut
amputer le bras droit. C'en était fini du comédien, malgré
le bras artificiel auquel il eut recours.*

Roger dut quitter l'Opéra...

*Alors commencèrent, à travers l'étranger et la province,
ces pérégrinations d'où le pauvre artiste a rapporté tant
de couronnes qui lui semblaient être des couronnes d'é-
pines, au souvenir de celles que lui envoyait l'orchestre
de l'Opéra.*

*Ne parlons ni de sa rentrée à l'Opéra-Comique en 1861,
dans Haydée, ni de ce concert polyglotte où il chanta en
anglais, en allemand, en italien, en espagnol, ni du reste.
L'éternelle préoccupation que lui donnait son bras artificiel ne pouvait point ne pas nuire à ses moyens.*

*A bout de courage, il se décida à renoncer au théâtre.
En 1869, il entra, comme professeur de chant, au Conservatoire.*

1.

Après avoir remporté d'immenses succés, il rendit d'immenses services.

En 1854, le roi de Prusse, au sortir d'une représentation des Huguenots, l'avait décoré de l'Ordre du Mérite. Plus tard l'empereur d'Autriche, le roi de Hanovre lui envoyèrent aussi leurs principales décorations.

L'une des derniéres espérances de Roger était que le ministére des beaux-arts l'honorerait du ruban rouge que portent tant de professeurs moins illustres que lui.

Il est mort, n'ayant reçu du gouvernement français que le trop modeste ruban d'officier d'Académie...

CHARLES CHINCHOLLE.

CARNET D'UN TÉNOR

I

PARIS

Jᴇᴜᴅɪ 4 Mᴀʀs 1847. — Dîné chez Clapisson.
Quel homme heureux ! Grâce à son succès de
Gibby, le voilà arrivé à une aisance qu'il était
loin de connaître. Comme il jouit de tout avec
délices ! Il se fait un immense bonheur avec les
mille riens dont se compose le confort de la
vie : il a enfin des tapis, un calorifère dans sa
salle à manger; il a chaud, ses amis ont chaud
et regardent avec admiration ses curiosités et
ses vieux instruments. Il a été chez le duc de

Nemours ! ! Il laisse arrondir son ventre sans craindre que son ventre soit en contradiction avec sa fortune : c'est vraiment plaisir de voir une fois par hasard le bonheur niché dans une famille qui sait en jouir et qui l'a mérité. — Fait la bouillotte et rentré à deux heures.

. . . .

MARDI 9 MARS. — Chanté le soir, chez Mme Devaux, le duo de *Guillaume* et celui du *Nouveau Seigneur* avec Levasseur : Succès magnifique. Geraldi a fait four avec l'air de *Jean de Paris*. On lui attribue pourtant cette opinion : Si Roger veut apprendre à chanter « *Ah, quel plaisir d'être soldat !* » il faut qu'il vienne me l'entendre dire... Scribe était dans la salle, ainsi que Halévy, Saint-Georges et Fiorentino.

JEUDI 11 MARS. — Répété au Conservatoire le duo de *Guillaume Tell* avec Rossi Caccia, pour le concert de la cour.

Ce concert a eu lieu, le soir, dans la salle des Maréchaux. C'était un admirable coup d'œil : à quatre pas devant moi, la reine, la duchesse de Nemours en rose, les duchesses d'Aumale et de Montpensier en blanc, ainsi que Mme de Joinville. Le roi était appuyé contre notre balustrade à côté de Habeneck. Il est resté debout toute la soirée.

Le programme comprenait l'introduction de *Moïse*, par Levasseur; le duo de *Guillaume Tell*, par Rossi-Caccia et Roger, qui ce soir-là était fort en voix, contrairement à ce qui lui arrive ordinairement quand il chante à la cour; l'air de *Robert Bruce*, par Baroilhet, qui l'a fort bien chanté; l'air de *Robert le Diable*, par Mme Dorus-Gras, exécution admirable. Après la première partie, Sa Majesté s'est approchée de moi et m'a dit:

— Bravo! monsieur Roger. Vous êtes bien engraissé depuis quelques années. Il n'y a pas encore de mal, car votre talent a pris le même développement.

Ce dernier membre de phrase m'a fait du bien: le premier avait jeté un froid. Grand monarque, si tu t'y étais arrêté, je passais dans l'opposition!

Hier, je suis allé voir Auber à propos de l'Opéra. Je lui ai dit qu'il était d'autant plus impolitique à Léon Pillet de garder une direction ruineuse, que la famille royale lui portait intérêt, et qu'on le dédommagerait certainement par quelque position lucrative, une recette générale ou particulière. « Une recette ! s'est écrié Auber : ah ! tant mieux ! ça le changera, ça sera la première. » Il a encore ajouté que si le roi voulait prendre l'Opéra à son compte, il en accepterait volontiers la direction, quoiqu'il eût déjà quinze ans de trop.

DIMANCHE 21 MARS.—A deux heures, concert de Lacombe. Petite cavatine détachée, bien chantée ; grand succès. Puis *Manfred*. Musique mal écrite pour la voix ; orchestre trop chargé. Lacombe a un succès d'estime. L'air de Mme Duflot-Maillard est fort beau et bien chanté par elle ; sans son grand nez, ce serait une grande actrice.

Le soir : le *Nouveau Seigneur* et les *Mousquetaires*. Malgré la fatigue, la voix était encore bonne. Joli succès dans la phrase en *la* du quatuor du deuxième acte. Mlle Lavoye nous raconte que notre aimable directeur, M. Basset, jeudi dernier, dans sa mauvaise humeur de voir le spectacle changé par la faute de Mlle Lemercier, et ne pouvant décider Mlle Lavoye à jouer au pied-levé la *Part du Diable* qu'elle n'avait pas jouée depuis six mois, lui a dit : « Eh ! bien, f... nous le camp et allez tous vous faire f... » C'était coquet.

C'est la suite de son système qui consiste à ne tenir à personne qu'au ministre qui lui donne sa subvention. Rira bien qui rira le dernier. Pauvre Opéra-Comique ! Pauvre théâtre ! Dans un an ??...

Il existe entre Basset et moi une mésintelligence sourde qui ne se traduit encore par rien d'offensant, sinon par quelques propos plus ou moins acerbes et par l'indifférence que Basset affecte pour l'importance que je me suis acquise au théâtre.

Ma position pèse sur la sienne, c'est évident, comme celle de Girard a été cause de la facilité avec laquelle Basset a renoncé à lui. Il était bien aise de se débarrasser d'un homme qui avait son franc-parler et le droit de trouver mal les inepties de son directeur; il en sera ainsi de moi.

Le cher homme affecte de ne me point parler de renouvellement, dans la persuasion où il est que je ne puis me passer de l'Opéra-Comique; il se croit fort habile en tenant la balance entre Audran et moi. Audran chante, dit-il, mieux que moi le *Pré aux Clercs*. Basset a beau dire; il ne parviendra pas à nous brouiller. En attendant, il se garde bien d'assister aux répétitions générales de l'*Éclair*. Ce serait avoir l'air de compter dessus, et, comme je joue dedans, ce serait impolitique. Au lieu de chercher à tirer parti de son premier sujet pendant quatorze mois encore, il cherche à le rabaisser afin de l'avoir à meilleur marché.

Lundi 22 Mars. — Répété l'*Éclair* généralement. Compliments inouïs de la part de MM. Planard, Saint-Georges et Halévy. S'il fallait en croire ces messieurs, je serais le plus grand artiste du siècle. Tous ces compliments me faisaient mal.

Chollet était fort bien dans son rôle, et voilà maintenant que les auteurs lui retirent son mérite pour m'encenser. Triste retour des choses de ce monde ! Ainsi, lorsque je serai sur le déclin et que viendra un jeune homme intelligent, ayant de la voix et pas de ventre, on lui étendra peut-être aussi mon passé, ma réputation sous les pieds pour le grandir et le flatter. Mais quoi, cette réflexion que je croyais m'être inspirée par l'attachement que je porte à Chollet tient par un côté à ce que l'amour-propre a de plus vivace ! O égoïsme, serais-tu le vrai mobile même de nos meilleures pensées et de nos meilleures actions ?

Rentré dîner tout seul à la maison. A 8 heures, je me suis couché sur le canapé et j'ai dormi jusqu'à minuit. Alors Clapisson, Cadeaux sont venus et nous avons fait la bouillotte. Écrit ceci jusqu'à 4 heures 1/2 du matin.

MERCREDI 24 MARS. — Dîner à 3 heures. Le soir, première représentation de la reprise de l'*Éclair*. J'ai mis une ceinture faite par Ernest, le costumier.

Ma femme prétend que ça a nui à ma voix. Elle trouve que la partie vocale ne me convient pas et qu'elle est trop grave pour moi. Au milieu des compliments de tout le monde, Fanny seule est de mauvaise humeur. Peut-être a-t-elle raison. L'air du premier acte est trop long, je le couperai. Grand effet dans la petite phrase en *la* du quatuor, et dans le duo du deuxième acte où Mlle Grimm obtient un beau succès. Jourdan et Mlle Levasseur, faibles. J'étais tout étonné de voir le rôle de Georges qui faisait tant d'effet avec Couderc et moi, tout écrasé et réduit à rien par Jourdan. Jourdan, étant sans physionomie, est malheureusement obligé de se conformer servilement aux indications de Planard et de Saint-Georges qui, comme Scribe, ont le talent de gâter les meilleures pensées du monde par des conseils maladroits.

JEUDI 25 MARS. — Je vais au théâtre trouver Halévy pour quelques coupures à faire dans mon premier air de l'*Éclair* ; elles sont excellentes. A quatre heures, je rentre, et je trouve une chanteuse anglaise avec sa mère et un Anglais dont j'ignore le nom, et qui m'ont été présentés par M. Alexandre. C'est une des plus poétiques sensations de ma vie que la vue et l'audition de cette fille. Grands yeux noirs, cils arqués vers le ciel, nez un peu aquilin, air d'inspiration profonde. Elle se met debout devant le piano et s'accompagne comme un ange. Elle offre en brun le type que réalise Mme Thillon en blond. Mina et Brenda. Voix pure, sonore, grande respiration, chant large et bien soutenu ; mais la vocalisation, la roulade, pour laquelle elle a une passion malheureuse, déplorables ! Il n'y a pas trois notes justes et égales.

Elle a une façon de se poser et de chanter, les yeux au ciel, qui serait ridicule chez une autre ; chez elle, c'est naturel, et vous tombez sous le charme. On la nomme miss Rafter. Que faire maintenant d'une organisation à la fois si belle et si incomplète ? Je l'ignore. Il y a là l'étoffe d'une Malibran ou d'une folle.

Vendredi 26 Mars. — Parti à midi pour l'enterrement de Mlle Mars. Pauvre chère grande artiste ! La dernière fois que je l'avais vue, c'était à la rentrée des cendres de l'Empereur. Que de souvenirs pour elle ! que d'anecdotes au milieu de ses larmes. C'était son tour aujourd'hui. Impossible d'approcher des grilles de l'église. Un désordre épouvantable. Je cherche à me faire jour parmi la foule venue pour voir les *acteurs*. Un homme en blouse me barre le passage en me disant : « Ne poussez donc pas, vous ! » Un autre lui dit : « Fais donc place, animal ! c'est Roger. Passez, Monsieur Roger. » Ça m'a flatté. Nous avons pris les devants avec ma voiture et nous sommes arrivés au Père-Lachaise, trois quarts d'heure avant le convoi. J'y trouve Frédéric Soulié et Béraud. Nous prenons place sur les tombes environnantes.

Le gamin de Paris est bien curieux ! il rit, il jure, il conte des farces pendant le discours de M. de Kératry, qu'on n'entend pas : on lui crie qu'il se trompe, que c'est à lui d'aller se faire enterrer, qu'il a tort de ne pas réclamer. Pas le moindre recueillement ; et ce qu'il y a de triste à dire, c'est que nous sommes là un tas de gens comme il faut qui nous laissons aller à rire des lazzis du populaire. C'est ignoble. Mais il fait un si beau soleil, il y a de la violette dans l'air, et il est si bon de se bien persuader que ce n'est pas sur nous que l'on jette l'eau bénite !

Je suis revenu en voiture avec Frédéric Soulié. Le soir, j'ai joué l'*Éclair*. Le deuxième acte, superbe. Grand effet. L'air est coupé, j'ai élargi tous les effets. Jourdan va mieux. Labarre va plus mal. Il est impossible de conduire plus gauchement ; archet vague ; pas de décision. C'est encore une acquisition de Basset ! Nous reconduisons Madame Talma chez elle et nous rentrons.

SAMEDI 27 MARS. — Chanté ce soir à l'Odéon, au bénéfice de Klein, du Gymnase, le duo de *Guillaume Tell*, et celui du *Chambertin* avec Levasseur. L'*Andalouse*, de Monpou, a été bissée. Quelle excellente salle pour la voix que celle de l'Odéon ! Celle de l'Opéra-Comique nous tue. Quand, il y a quatre ans, Stoltz et Duprez y sont venus chanter le duo de la *Favo-*

rite, au bénéfice de madame Dorval, leurs voix ne firent point d'effet. La salle, sans sonorité, et le genre, sans grandeur, me rapetissent. Comment y contenter ce désir de choses littéraires que je porte en moi ?

Je voudrais pouvoir sculpter un Alexandre dans le mont Athos, et je n'ai qu'une motte de beurre ; mon éducation et mes instincts me portent au grand, et je suis tombé dans un genre qui ne tient que peu de place en littérature et qui n'en tient aucune en poésie. Le Théâtre-Français, l'Opéra, les Italiens, ont le privilège de soulever les questions d'art : les critiques, les poètes s'inspireront de *Don Giovanni ;* on fera des contes fantastiques sur les interprètes de *Robert le Diable*, de *Freyschütz*, et jamais *Zampa*, le *Pré-aux-Clercs*, les *Diamants*, la *Dame blanche*, n'ont pu prendre cette teinte légendaire qui assure aux grandes œuvres leur immortalité.

Pourquoi appeler l'Opéra-Comique un genre bâtard ? Raisonnons : il mêle, dit-on, le dialogue au chant ? Mais Shakespeare, le dieu de l'école moderne, ne passe-t-il pas de la prose aux vers, lorsque la situation l'exige ?

Et c'est bien là l'essence du drame, qui doit représenter la vie telle qu'elle est : d'un côté, la situation banale et matérielle, exprimée par la prose ; d'un autre, la situation spirituelle ou poétique, qui monte au ciel sur l'aile du vers ou sur celle de la musique. Mon Dieu, ce genre n'est pas plus bâtard qu'un autre ; il a le tort de se mêler trop souvent du mariage d'Adolphe avec M\u1d35\u1d49 Clara.

Cette grave affaire sous le premier empire florissait sans conteste, mais cela a passé avec les modes de ce temps, qui étaient bien les plus laides du monde. Il y a des gens qui, sans se rendre compte de la transformation de l'O-péra-Comique, l'ont enveloppé dans leur dédain avec tout ce qui tient à l'Empire.

Ils ne peuvent plus supporter le seigneur à bottes à revers qui arrive à une grille du parc, essuyant son habit marron avec un mouchoir de batiste, et vient s'asseoir sur un banc de pierre, entre deux pots d'hortensias : un tableau qui est, d'ailleurs, affreusement perruque.

En attendant, la *Dame blanche* a bien marché

ce soir. Avec l'effet à pleine poitrine de la fin, je suis sûr du rappel et je ne m'en prive pas.

DIMANCHE 28 MARS. — Nous avons dîné en famille et avec Cadeaux ; il a conseillé à ma femme de se méfier d'un brave ami qui, à propos de l'*Éclair*, prétend que je ne vaux pas Chollet, à beaucoup près. Tout ce monde de camarades jalouse ma position ; en me blâmant de l'avoir faite telle qu'elle est, il n'y en a pas un seul qui ne l'envie. Non seulement pas un d'eux n'a d'argent placé, mais aucun n'a le quart du mobilier que je possède.

Ils sont vieux et je suis jeune. Bon espoir donc, et continuons. Sans nous laisser intimider par les réflexions ou les moqueries de ces messieurs, visons haut en pensant à l'avenir. Oui, il faut de l'ambition. Vivent les gens qui l'ont à la hauteur du cœur. Si Bonaparte n'avait pas eu d'ambition, nous n'aurions pas eu Napoléon. Le petit berger de la campagne romaine, en ayant de l'ambition, nous a donné Sixte-Quint, et moi, sans comparaison, grand Dieu ! pauvre clerc d'avoué, j'ai eu la folie d'en avoir et je me suis fait ce que je suis. Sans compter que je veux en avoir encore, et beaucoup, et que mon cœur s'élève tous les jours !

MERCREDI 31 MARS.— Je suis allé au théâtre chercher mille francs. Comme j'étais pressé de me rendre au Salon, je mets sous enveloppe deux billets de cinq cents francs, avec une lettre que j'écris dans le bureau d'Auber (le frère du vrai), et je confie le tout au père Lainé, un vieux balayeur qui est au théâtre depuis huit ans ; je lui recommande de porter cette lettre chez moi sans dire qu'elle contenait de l'argent. C'est un très honnête homme : je pars tranquille.

A mon retour du Musée, j'apprends que Lainé est venu comme un fou annoncer qu'il a perdu ma lettre. — Stupeur, consternation ! Nous pouvions espérer que, si un homme de bien trouvait cette lettre, il la mettrait à la poste, en voyant la suscription ; mais une fatalité devait me faire perdre cet espoir ! J'avais eu la déplorable idée de plaisanter dans la lettre, adressée à ma femme et ainsi conçue :

« Madame,

« Je vous ai vue hier soir à l'Opéra-Comique.
« Les grandes passions sont muettes, je ne
« vous dis que cela. — Voici mille francs —
« acceptez-les — ce n'est qu'un acompte sur
« mon enthousiasme. »
Et j'avais signé :

« Prince ROGERIKOFF. »

Il est évident que l'honnête homme qui a
trouvé cela aura eu la conscience bien nette en
gardant une somme qui avait une si singulière
destination ; il n'aura pas voulu deviner qu'il
y avait là un mari faisant à sa femme une
mauvaise plaisanterie. — C'est à dégoûter de
rire ; il faudra tâcher de n'être plus si drôle !...

JEUDI 1ᵉʳ AVRIL.—Au théâtre, pas de nouvelles
de ces mille francs perdus. J'ai été chez Scribe,
que je n'ai pas trouvé, pour lui parler d'avancer
l'époque de mon congé, ce qui me permettrait
d'aller en Angleterre dans la bonne saison. J'ai
rencontré mon oncle Weesen sur le trottoir ; il

allait à la banque de Prévoyance! Amère dérision.

Je suis entré à Notre-Dame de Lorette. C'est jeudi-saint, et j'ai écouté avec recueillement tout ce magnifique chant d'église.

J'ai vu, assis tout seul, un livre à la main, César-Auguste Franck, ce qui m'a expliqué le choix de son oratorio, *Booz et Ruth*. Le soir, j'ai chanté l'*Éclair*. Autant ma femme était malheureuse à la première représentation, autant elle est sortie enthousiasmée de celle-ci.

Au foyer, on parlait des notes graves du rôle de Lionel et, comme j'avais entendu dire que la partie chantante du rôle ne m'allait pas, j'ai été bien aise de faire convenir à l'assistance que les notes graves de Chollet, à l'époque où il a créé l'*Éclair*, n'existaient que dans l'imagination de ceux qui immolent toujours le présent à la fraîcheur de leurs souvenirs. Chollet, musicien d'un grand savoir, avec une voix des plus heureuses, n'a jamais eu sur les planches, surtout dans les rôles de sentiment, la conscience de son rôle qui doit caractériser le grand artiste. Il n'a jamais véritablement ressenti les sentiments qu'il devait représenter. Je ne peux être bon juge, dans la question vocale, de la prééminence à accorder à l'un ou à l'autre, mais ce dont je suis certain, c'est que sur la scène, je suis *l'homme du personnage*, éprouvant ce qu'il doit faire éprouver aux autres, tandis que Chollet n'est qu'un acteur, remplissant un rôle, avec une grande habitude de la scène.

Nous étions si contents que nous avons été chercher des huîtres sur la place des Italiens avec Hiestand et Cadeaux, et nous avons soupé à une heure du matin. Ma femme s'est couchée, et à quatre heures et demi nous étions encore tous les trois à parler musique, arts, théâtre. Bonne et charmante conversation, où, l'esprit exalté par un petit verre d'anisette, on sent toutes ses facultés d'artiste si souvent énervées par l'ennui et le dégoût, se réveiller, vivre et bavarder, fertiles en mots vrais, en aperçus profonds et piquants, que l'on voudrait se rappeler toujours et qui s'enfuient malheureusement aussi vite que les heures qu'ils vous font oublier.

Vendredi 2 Avril. — M. Lavanchie vient à midi me trouver au lit que je n'ai quitté qu'à quatre heures; il me propose une affaire de la part de Mitchell qui veut m'emmener à Londres et désire acheter, au prix d'une somme fixe, ma personne et mon talent. C'est drôle de se vendre comme une bête de somme ou comme un italien! Enfin ça se fait. Dîné avec Mme Talma.

Samedi 3 Avril. —Nous mangeons chez Clapisson qui rentre malade avec des étourdissements. On est obligé d'appeler le médecin qui le saigne. C'est la deuxième fois que je vois couler le sang. La première fois, c'était ma femme qu'on saignait et je n'avais pu regarder. Ça me faisait mal. Aujourd'hui j'ai guetté le moment où la lancette entrait dans la veine et j'ai vu sans émotion le sang jaillir. Clapisson s'est trouvé mal après la saignée.

Lundi 5 Avril. — A deux heures et demie, concert d'Altès, flûte de l'Opéra-Comique. L'*Aumône* de Membrée, moins un couplet,

Plus de larmes et l'*Andalouse*. Cette dernière est bissée comme toujours. Le soir, l'*Éclair*. Représentation superbe; pas de fatigue malgré le concert; recette monstre. M. Basset m'accorde le mois de mai pour congé.

Mardi 6 Avril. — Un M. Noblet me prie de chanter sa musique. Je ne crois pas pouvoir y consentir. Cadeaux et Quidant étaient là; celui-ci veut me faire chanter sa *Barque*, sinon la mort; il est inouï de voir un homme comme lui, qui n'est pas sans un certain mérite d'originalité, mais dont le talent manque des développements que donne l'éducation, attacher autant de prix à des futilités musicales comme celles qu'il compose. Au lieu de chercher à faire quelque grande chose, il se complaît dans la forme des trois couplets qui est bien la plus ennuyeuse maintenant de toutes les formes musicales. La romance, à mon sens, est chose fade. Quel bel avenir a la musique avec la forme nouvelle que Berlioz et Félicien David ont imprimée à la symphonie! Toutes les richesses poétiques du monde sont de son domaine et, quoique l'on assigne à ce genre des limites très bornées en prétendant que la musique dite *imitative* n'a que peu de ressources, voyez avec quelle ardeur les imitateurs de David s'empressent de se faire une place au soleil : Josse avec son *Ermite*, Lacombe avec *Manfred*, M. Cohen qui bégaie un *Faust* après Berlioz, et Douay que les Escudier entreprennent à tort et à travers et qu'ils veulent opposer à l'auteur de *Christophe Colomb*.

Nous venons d'entendre aux Italiens la *Jeanne* de M. Douay; c'est une vraie mystification. Il est impossible d'imaginer quelque chose de plus longuement ennuyeux. Mme Strepponi, tant vantée par les Escudier, n'est plus qu'une véritable ruine : voix chevrotante, réputation italienne immense. Voilà donc ce que fait d'une voix l'Italie avec sa méthode nouvelle de chant.

L'école italienne n'a jamais eu grande profondeur de pensée, mais au moins elle écrivait pour les voix et les ménageait. Maintenant elle vise à la profondeur sans y atteindre et casse les poitrines les plus robustes en quelques années. Je ne sais ce qu'il adviendra dans l'avenir de ce que l'on appelle l'école de Verdi, mais il est risible de voir cette musique s'attaquer à ce que la pensée a de plus noble, déflorer les plus immenses créations des poètes, *Macbeth*, *Hamlet*, *Hernani*, *Lucrezia*, et habiller tout cela d'une défroque de général nègre, que chaque compositeur peut aller décrocher au temple, si bon lui semble.

Bons italiens à moi, qui vous croyez riches parce que vous portez des bagues et des breloques ! Et pourtant, qui encourage les compositeurs italiens dans cette route ? Ce sont les chanteurs. Il faut pour eux tout sacrifier à la voix ; peu importent l'idée, la couleur, pourvu que l'effet vocal se trouve à la fin de la phrase. Le chanteur est satisfait et le public est content.

Pourquoi vouloir aussi que le compositeur soit moins paresseux que le chanteur ? Si celui-ci trouve plus facilement un effet de voix qu'un effet de pensée, le maëstro se dispensera d'avoir une idée et ramènera le même thème qui aura fait cent fois le succès d'un chanteur.

J'éprouve un certain orgueil, juste, j'ose le dire, à penser que je suis peut-être le seul qui n'immole pas le compositeur aux exigences de sa voix. C'est qu'aussi je mets mon amour-propre à penser avec l'auteur et à donner une seconde vie à son œuvre. Pour cela, il faut que le sujet me plaise ; alors j'y entre avec toute mon imagination ; alors les pensées les plus vagues me semblent et deviennent claires.

Nous étions placés aux troisièmes loges de face. J'y ai fait, pour la dixième fois peut-être, la remarque qu'un chanteur, sous peine d'être ennuyeux, doit surtout articuler, élargir la phrase. Je ne saurais trop me pénétrer de cette idée.

Vu à cette distance, l'artiste est petit ; ses jeux de physionomie se distinguent à peine. Il est vrai que la limite qui sépare le fort du forcé est difficile à saisir, mais c'est à la rendre insaisissable qu'est le secret de l'art.

Mercredi 7 Avril. — Joué l'*Éclair*. Bonne représentation. Le monde vient. Ça se dessine comme un succès. Il est à remarquer que cette pièce n'a jamais été ce qui s'appelle un succès d'argent. Elle était pourtant bien montée, mais le principal personnage n'est pas intéressant, parce qu'il manque de distinction. Maintenant les affidés de l'administration, tels que Colleuille et Saint-Albin veulent reporter sur Mlle Grimm tout le mérite du succès : « C'est pourtant avec une femme de 4,000 francs que nous faisons cet argent-là! » disent-ils...

JEUDI 8 AVRIL. — A dix heures, je suis allé au Conservatoire répéter avec Halévy. Habeneck et Halévy, en sortant, m'ont dit qu'il fallait absolument que j'entrasse à l'Opéra, mais lorsque tout serait balayé. Jusqu'à présent, quand je parlais à Halévy de cette question, il répondait à peine. Aujourd'hui il l'a abordée lui-même. Est-il sincère? Le Dieu d'Israël peut seul le savoir.

A propos de *Prométhée*, Halévy, qui est Juif, me dit l'autre jour : « Cette fable de *Prométhée* « est assez étrange. Sur son rocher, *Promé-* « *thée* menace Jupiter et refuse de lui dire le

« nom du dieu qui dans l'avenir viendra le
« détrôner. L'antiquité avait donc la cons-
« cience de la venue du... » Halévy allait dire
du Christ, mais le Juif s'est arrêté « ... de la
venue des évènements qui ont eu lieu depuis. »

Je ne peux revoir le Conservatoire sans un
sentiment de plaisir et de vague étonnement.

Eh quoi, déjà neuf ans que je l'ai quitté !
J'avais vingt-deux ans ; j'étais, sous le rapport
de la voix et de la taille, le moins bien partagé
de tous mes camarades. Il me semble que c'é-
tait hier, et voilà qu'aujourd'hui j'y entre avec
une réputation superbe et un talent qui a sur-
vécu à tous les talents d'écoliers qui se trouvaient là à cette époque. Et quand j'apparais
dans cette salle d'étude, tout le monde me
regarde avec envie.

Mais aussi, pour arriver là, comme j'ai
triché ! Le rat fait sournoisement son trou
dans le plancher pour grimper au jour. Il n'est
pas sorti de ma bouche un mot d'amour-propre et d'orgueil déplacé. J'avais la confiance
de mon avenir, mais avec une défiance con-
tinuelle de mes forces. Dieu est venu en aide

à mon travail, mais les autres, juste ciel! quels beaux destins ils se laissaient promettre, quand ils ne se les prédisaient pas eux-mêmes! Où sont-ils? Que sont-ils devenus?

Ce que deviennent les *blagueurs* dans les arts. Ils disparaissent.

Je suis allé aussi chez Scribe pour en terminer avec l'affaire de mon congé. Il m'a promis de pousser cette affaire qu'il regarde comme bonne, pour le théâtre autant que pour moi.

Samedi 10 avril. — Le soir, la famille Poisson, le *Pré aux Clercs* avec Mme Gras. Elle chante supérieurement, mais sa voix est un peu usée et perd de son timbre dans la salle de l'Opéra-Comique.

J'ai vu *les Enfants de troupe* par Bouffé; j'étais dans le trou du souffleur, bien à même d'observer les jeux de physionomie, et je sais maintenant que Bouffé est un grand artiste, qu'il ne faut peut-être pas voir souvent, parce que son jeu est étudié dans les petits moyens. Mais il a du cœur, de l'âme vraie, et aux dernières scènes j'ai senti deux grosses larmes

qui roulaient sur mes joues. Il y avait longtemps que ça ne m'était arrivé, et ça m'a fait
du bien. Couché à une heure et demie.

MARDI 13 AVRIL 1847. — Singulière journée.
Mme Stolz est venue me prier de chanter à son
bénéfice le 2e acte du *Comte Ory*. Ainsi, cette
femme, à qui j'attribue l'acharnement qu'on a
mis à m'éloigner de l'Opéra, est contrainte,
par la force des choses, par l'attrait de mon
nom, à venir me demander ma coopération
pour sa représentation de retraite. Je me suis
donné la satisfaction de refuser, ou plutôt
c'est ma femme qui est intervenue et qui a pris
la parole. Rien n'était curieux comme cette
scène.

Mme Stolz se plaignait de sa malheureuse
position à l'Opéra : « M. Pillet est un entêté
qui n'a jamais voulu m'écouter et faire ce que
je lui conseillais. Figurez-vous que j'étais
contrariée en tout ; il fallait demander la permission, qu'on me refusait, de chanter mon air
à droite ou à gauche si cela me convenait ; de
faire tel ou tel geste qui pourrait blesser la sus-

ceptibilité du ténor ou du baryton. Enfin, vexée de toutes les manières. Aussi, à l'idée que je quitte l'Opéra, la santé me revient. »

— Et M. Pillet, disais-je, que va-t-il devenir quand vous n'y serez plus?

— Ça le regarde, je me suis assez sacrifiée à ses intérêts depuis que je suis à l'Opéra, il est temps de songer à moi. Du reste, il aura son privilège.

— Mais alors vous reviendrez, disais-je, c'est bien sûr; l'Opéra et lui ne pourront se passer de vous.

— Moi! S'il a son privilège, c'est une raison pour que je ne revienne pas. Je vais à Londres et à Pétersbourg ; aussi je tiens à m'entourer de tout ce qu'il y a de mieux en artistes à Paris. J'aurai Mmes Damoreau, Dorus-Gras, Rachel, Levasseur et vous.

Le fait est qu'elle n'a rien de tout cela; elle est obligée de faire sa représentation à elle seule, parce que tous les artistes ont refusé. Cette femme, que je sache, n'a jamais rendu aucun service aux artistes; elle voulait s'entourer des illustrations parisiennes pour faire dire qu'elle excitait des sympathies parmi les artistes et qu'elle partait accompagnée de leurs vœux et de leurs regrets. Rien. Solitude, isolement complet. Tout le monde m'approuve de refuser. En venant me demander, elle était persuadée que j'allais accepter avec empressement une occasion de prouver, en chantant à l'Opéra, que j'étais le ténor qui y manquait. J'ai refusé pour faire savoir que je ne cours plus après personne, et qu'il faudra au contraire courir après moi. Si j'avais chanté et que quelques jours après je n'eusse pas été engagé, les gens qui ne m'aiment pas se seraient écriés : « Mais puisqu'on ne veut pas de Roger, à l'Opéra, pourquoi s'obstine-t-il à s'y faire entendre? » Du reste, c'est à ma femme que revient l'honneur d'avoir tenu bon; il me fallait un énorme courage pour renoncer à un succès certain dans le 4e acte de la *Favorite*. Je dis *certain* et nous verrons dans l'avenir.

Jeudi 15 avril. — Répété au Conservatoire le *Prométhée* d'Halévy. Le soir, concert de Mme Sabatier, foule énorme. J'ai chanté la première romance de la *Favorite* et le duo de *Guil-laume* avec Levasseur. J'attachais beaucoup d'importance à ce duo. Doll et Portehaut avaient témoigné le plus grand empressement pour l'entendre, et je leur avais donné des billets. Quand le duo a été chanté et que j'ai reçu les compliments et les bravos de tous les artistes, ne voyant ni Portehaut ni Doll, je les ai cherchés et les ai trouvés paresseusement assis, dans un salon écarté où l'on n'entend presque pas. Ils ne s'étaient pas dérangés pour aller m'écouter, et ne m'ont pas dit autre chose que : — « Vous avez été bien mal secondé par Levasseur. » Ça m'a légèrement froissé; pour des amis, c'était peu amical. Ma femme, qui ne peut rien garder pour elle, en a fait le lendemain reproche à Doll qui s'est maladroitement excusé en disant qu'il n'avait pas quitté sa place sur le canapé dans la crainte qu'on ne la lui prît.

SAMEDI 24 AVRIL. — Dîné avec Mme Talma : nous sommes allés au concert d'Offenbach, à la salle Moreau-Sainti. Fort belle réunion.

Goria a joué dans la perfection, de même que Dorus. Tant de finesse et de variété avec un instrument aussi borné! Entendu l'*Alcôve*, opéra-comique d'Offenbach et de Déforges; un peu d'inexpérience, mais des choses charmantes. *Offenbach est un garçon qui ira très loin,* si on ne lui ferme pas les portes de l'Opéra-Comique : il a une persévérance du diable et de la mélodie.

JEUDI 29 AVRIL. — Demandé à Certain 1,000 francs que ma femme va chercher. Elle a eu une discussion avec Basset au sujet de mon congé. La dispute s'est échauffée en présence du vieux Auber, le frère. Ma femme a dit à Basset tout ce qu'elle avait sur le cœur : que lorsqu'un directeur avait un artiste de ma trempe, il devait faire tout son possible pour le contenter, que puisque je demandais mon congé à une époque aussi insignifiante pour lui, il était de son devoir de me l'accorder.

Basset a dit que je devenais d'une exigence énorme, que je ne jouais plus autant qu'autrefois, que je ne voulais plus répéter quand je

chantais le soir. Ce à quoi ma femme a répliqué
qu'il en serait toujours ainsi, parce que je
n'avais pas envie de me tuer; qu'à l'Opéra les
ténors chantaient 38 fois en 18 mois comme
Gardouin et qu'encore on le regrettait et que,
moi, je chantais 38 fois en 2 mois.

— Oh, mais les ténors de l'Opéra sont de
grands seigneurs, s'est écrié Basset, tandis
que chez nous, c'est la boutique à 25 sous; il
faut toujours être là et tout prêt.

— C'est justement parce que M. Roger ne
veut pas être un chanteur à 25 sous qu'il
quittera votre boutique et en cherchera une où
il pourra être grand seigneur.

Quel singulier directeur, qui, au lieu de
rehausser ses artistes, dans l'intérêt même de
sa fortune et de sa position, se plaît à les
rabaisser et à les éloigner! Enfin, après une
longue querelle, Basset a conclu en disant :

— Allons, vous êtes une maîtresse femme;
on en passera par où vous voudrez.

Le soir, il l'a fait revenir et tout a été conclu.
Je partirai le 1er juin.

Pendant ce temps-là, je chantais au collège

Stanislas, l'*Aumône* de Membrée, un duo de M. Clément avec un M. Bouché, basse-taille de Montmartre ! *N'y touchez pas*, de Clapisson, et *Huit ans d'absence*. Les élèves du collège sont moins chauds que ceux de Louis le Grand. Cela tient à ce que la salle est mal distribuée pour la musique : trois grands salons autour de celui où l'on chante !

SAMEDI 1ᵉʳ MAI. — Répétition de la *Dame Blanche* pour Mˡˡᵉ Grimm et Levasseur. Nous avons, à dîner, fêté la croix d'honneur de Clapisson. Nous avons fait venir un nougat portant les initiales L. C. et une croix en pâtisserie. Cadeaux et sa famille, Mᵐᵉ Talma, le soir. La bouillotte et le whist. Je gagne à Mᵐᵉ Talma 29 fiches à 25 centimes. A 11 heures 1/2, je me couche et le jeu continue jusqu'à 2 heures. C'était la fête du roi ; j'ai vu de mon grenier le haut du feu d'artifice.

DIMANCHE 2 MAI. — Dîné chez Clapisson. Nous allons après le dessert entendre Bordas et Alizard dans *Robert*. Bordas a été assez bien :

voix méconnaissable pour ma femme qui l'avait entendue si mauvaise dans la *Reine de Chypre*. Mlle Dameron bien, quoique souffrante. Alizard prodigieusement beau. Voilà un artiste qui devrait faire courir tout Paris, si Paris pouvait se passionner pour ce qui est beau et grand, sans que quelque charlatan de la presse ait frappé de sa baguette sur le tableau en criant : « Vous allez voir ce que vous allez voir !! » C'est tout simplement sublime, et personne ne s'en émeut, et la salle est vide. C'est à donner des maladies de nerfs à force de rage !

MERCREDI 5 MAI. — Ma femme est allée chez Jules Janin pour parler de mon voyage à Londres. Il doit partir avec moi le 1er juin ; il a dit à ma femme que Bénazet fils était commandité de 3,000,000 par son père pour prendre l'Opéra et qu'une des conditions que lui, Janin, imposait pour prêter son appui à cette combinaison était mon engagement. De mon côté, j'ai vu ce soir M. Roqueplan, un des concurrents, qui m'a dit être plus sûr que jamais d'avoir le privilège. Arrangez cela.

31 MAI. — Toute la fin du mois a été employée à me préparer à mon voyage d'Angleterre. La paresse m'a pris d'écrire mon journal ; j'étais si fatigué ! A dix heures du matin, le maître d'italien, Carnevale, arrivait avec ses habits aux couleurs tendres ; sa garde-robe est un arc-en-ciel. Bonoldi, de onze heures à midi, me faisait répéter *Lucia, Otello, I Puritani*.

Enfin, après bien des pourparlers entre Lumley, Mitchell et Escudier, me voilà parti, sans avoir rien de signé, mais avec les chiffres posés et les époques bien arrêtées. J'ai abandonné à M. Basset les 1,000 francs par mois auxquels j'ai droit pendant mon congé ; c'est grâce à cela que je puis partir aujourd'hui au lieu du 1er juillet.

Parti par le chemin du Nord avec ma femme, le domestique Baptiste, ma femme de chambre, et deux petits chiens. Arrivé à 2 heures à Abbeville où nous avons fait, pour 3 francs par tête, un affreux dîner. A près de 3 lieues de Boulogne, nous avons commencé à être importunés par ces gens qui voyagent pour le compte des hôtels ; ils vous jettent des adresses dans la voiture. L'un d'eux, plus fin, ne vous dit rien pendant que les autres s'usent la voix à vanter l'excellence de leur hôtel, mais il monte sur la banquette, et, à une lieue de là, quand les concurrents ont disparu, vous voyez à la portière un homme, ordinairement anglais, qui vous dit bien tranquillement que tous les hôtels sont des gargotes , sauf le sien qui est des plus confortables. Il a beau jeu à vous fatiguer jusqu'à près d'une lieue et demie de Boulogne. Alors arrivent d'autres propositions; celles-ci sont à *cheval* et ont aussi l'accent anglais. Elles nous sont d'ailleurs inutiles, car 20 minutes après notre arrivée à Boulogne, le bateau *Queen of Franch* partait.

Nous voilà en mer par le plus beau temps du monde, une onde tranquille et une lune superbe. Pas possible d'avoir le mal de mer. Une jeune anglaise qui voyage seule, sans savoir un seul mot de français, s'est mise sous la protection de ma femme qui ne sait pas un mot d'anglais, de sorte que la conversation est des plus animées. L'anglaise se rabat sur nos chiens qui comprennent toutes les langues.

Nous avons aussi un couple anglais, voyageant avec un enfant de 2 ans. La mère s'est empressée de descendre le bébé dans la cabine et est revenue sur le pont.

L'enfant braillait. N'importe! Elle était là, enveloppée dans le manteau de son sweat-hart et s'enivrant avec son époux de clair de lune, de charbon de terre et d'amour, tandis que l'enfant pouvait se casser la voix et compromettre son avenir. Il crie tant! c'est peut-être un ténor!

II

LONDRES

16 JUIN 1847. — Depuis mon arrivée dans la capitale du pays des brumes, je n'ai pu griffonner une ligne sur ce carnet. Pas une minute à moi. Toujours des courses d'affaires.

Je sors de *Princess'Theater*. Macready jouait dans *Bridale;* il a eu de beaux moments. *Bridale*, c'est à peu près le sujet de la *Favorite*. On donnait ensuite *La Femme qui se jette par la fenêtre* en anglais ; ç'a été joué d'une manière charmante avec une vérité et un entrain étourdissants ; puis *Gibby la Cornemuse*, ou *the King and the Piper*, toute la pièce, moins la musique, c'est-à-dire ce qu'il y a de mauvais.

moins ce qu'il y a de bon. Pauvre Clapisson, où étais-tu !

Au premier acte, une bonne chose : c'est la manière de réveiller Gibby par un toast porté à la reine, pour laquelle on conspire !

Partout le peuple est le même ; ils ôtent leur habit dans les *upper Galleries* et disent parfaitement *Turn him out* (à la porte.)

15 JUIN. — Les Tagliafico sont venus dîner et nous ont emmenés voir *Norma* à Covent Garden. Grisi a été admirable. Un ensemble superbe ; l'orchestre et les chœurs prodigieux. Dans l'entr'acte, nous avons été complimenter Grisi. Mario, qui était là, a été fort aimable pour moi ; j'ai été présenté au signor Persiani et à l'Alboni qui avait fort bien chanté dans le *Barbier*.

VENDREDI 18 JUIN. — Vu le soir Bouffé dans *la Carotte d'Or* et *la Fille de l'Avare*. La reine y était. Robe à fond bleu et réserves blanches. Le prince Albert, uniforme rouge. Il avait dîné chez le duc de Wellington. Ils ont beaucoup ri au spectacle, aux plaisanteries du mari sur sa moitié. Mme Susse et Mme Gras qui allaient en soirée sont venues nous demander l'hospitalité dans notre loge.

SAMEDI 19 JUIN. — Lavanchy nous a conduits à Cheesich voir l'exposition de fleurs ; c'est peut-être ce que j'ai vu de plus beau dans ma vie. On n'a pas idée en France de fleurs pareilles, comme rareté et grosseur. J'étais humilié pour nous autres, sujets français, qui croyons avoir des fleurs et des serres !

Nous avions pris un cab qui nous a conduits comme le vent par une route superbe, tout le long de Hyde Parck et de Kesington. Tout ce que Londres renferme de gens riches et élégants se trouvait là sous des arbres féeriques et des pelouses comme on se borne à en rêver en France. De vrais tapis d'Aubusson.

Avec tout cela, ils ont l'air de s'amuser comme des hannetons qui ont une paille au derrière. Ces gens-là ont certainement quelque chose de gênant que nous ne voyons point. Où ? Ils ne vous le disent pas.

Le soir, Mitchell a mis à notre disposition une loge pour voir *Norma* par Lind. Four! Lind assez bien dans *Casta Diva*; cette invocation à la lune est dans sa nature rêveuse allemande, mais les fureurs de la femme qui aime, de la mère abandonnée! Non, mille fois non! C'est petit, grincheux. Et la voix usée! Affreux échec pour une si grande réputation, et, chose extraordinaire, elle fera peut-être de l'argent dans ce rôle, parce que les gens qui l'ont vue bonne ailleurs, voudront voir comme elle est mauvaise! Cette canaille de Lumley a vraiment trop de chance pour un directeur. Mme Barone (Olivier) et Fraschini, détestables et chutés à outrance.

LUNDI **21** JUIN. — A midi, répétition des concerts anciens, Hanover Room. J'y ai chanté l'air de *Joseph* avec un crâne succès pour ici; on a applaudi. L'orchestre aussi, à ce que m'a dit Lavigne, le hautbois, qui accompagnait ma femme. Il n'y a qu'un français qui n'a pas applaudi. L'archibishop d'York et le duc de Cambridge, etc..., se trouvaient là et ont été fort contents. Chanté aussi le duo de l'*Olympiade* avec Mme Gras. Il y avait du monde dans la salle, car l'habitude à ce concert est de faire payer une demi-guinée par personne pour assister à la répétition. Il en résulte qu'on n'arrête jamais pour réparer une faute ou faire une indication. Ça va comme je te pousse jusqu'au soir du concert ; le public se fâcherait tout rouge, si l'on se permettait de recommencer quelque chose pendant la répétition, de sorte que ça fait deux concerts au lieu d'un.

MARDI 22 JUIN.— A 11 heures, chez Mme Gras, pour raccorder le duo de Paësiello ; puis un lunch composé de cerf, de tourte à la rhubarbe et de pain de son, arrosé de Porter et de Sherry. Rentrés à quatre heures ; Lavigne, Lavanchy et Verra sont venus nous voir au moment où nous allions faire un tour. Nous n'avons pas dîné ; nous sommes allés prendre Mme Taglioni qui nous a fait placer aux stalles d'orchestre avec M. et Mme Lavanchy, à Covent Garden. Les « Foscari » ont été admirablement chantés ; mais, mon Dieu, quelle musique peu sympathique ! Quand il y a effet, c'est bien certainement le chanteur qui le produit, et non le musicien. Ronconi a eu un moment de vrai génie au dernier acte. Mario a une voix inconcevable de charme, de force, de facilité. J'ai été complimenter Ronconi. M. et Mme Lavanchy nous ont emmenés souper. Nous avons eu du saumon d'Écosse cuit avec du genêt, que nous avons arrosé de *Scotch ale et de Pale ale !* et toujours du Sherry ! Rentré un peu ému...

MERCREDI 23 JUIN. — J'ai chanté aux anciens concerts. J'avais devant moi Wellington. — J'ai entendu cette voix qui a commandé le feu à Waterloo, j'ai vu cet œil qui a vu le dos de l'empereur.

Je ne puis dire la rage qui m'a saisi à son aspect. Chanter ! faire plaisir à cet homme que j'aurais voulu pouvoir anéantir, lui, son passé et son pays. — Comme Français, je le hais ; mais je suis bien obligé de l'admirer. — C'est un grand citoyen, et les Anglais sont un grand peuple. — Si on proposait aujourd'hui de lui

couler une statue en chair humaine, on trouve-
rait un million d'hommes pour se jeter dans la
fournaise.

Ce nom de Wellington est sur tous les palais,
arcades, rues, voitures, paletots, chapeaux et
bottes. Trente et un ans ont passé sur ces évènements, et la bataille de Waterloo pour les
Anglais est d'hier. La France, elle, n'a souci
ni de son passé ni de son avenir. Nos grandes
victoires ? qui y songe ? Triste oubli ! dange-
reuse apathie ! O France, le ver qui te ronge,
celui qui te jettera par terre, c'est ton esprit,
allons, disons juste ! c'est la blague : tu ne
crois plus à rien, tu te moques de tout : du génie, de la gloire, de Dieu. A Londres, on se
passionne pour Dieu, pour la gloire et pour le
génie, même pour des à peu près. Ils ont des
statues de demi-grands hommes dans tous les
squares ; et nous avons attendu deux cents ans
pour mettre Molière sur une fontaine, et nous
nous fâchons si on insinue que nous ne sommes peut-être pas le premier peuple du monde !
Athéniens ! Athéniens !

Après tout, ça ne me regarde pas ! J'ai chanté

l'air de *Joseph* avec un immense succès. Le duc de Cambridge glapissait des bravos très flatteurs et très sonores au milieu de cet enthousiasme de glace. Quand les dames, à un concert, ont agité leur tête de droite à gauche avec un sourire et en applaudissant de leur éventail sur leurs mains gantées, c'est un triomphe.

Autant les Anglais sont froids au concert; autant ils ont de fureur et de délire au théâtre. Des effets de chant qui à Paris passeraient inaperçus leur causent des convulsions de plaisir!

III

BRUXELLES

9 Janvier. — Le succès de ma campagne en Angleterre a eu pour premier résultat de me faire engager en Belgique. J'ai débuté ce soir à Bruxelles dans la *Sirène*. Succès complet; pas grand monde, ainsi qu'on me l'avait annoncé, mais un enthousiasme!... Après l'*andante*, je ne pouvais pas achever, tant on applaudissait. Chacun me prédit de grandes recettes.

Bouffé a eu pour son premier partage un dividende de deux francs et ses derniers dividendes ont été superbes.

J'ai donné des billets à des journalistes de la

Belgique musicale et du *Courrier des théâtres.*
Nourrit prétend qu'ils les vendent!

SAMEDI 10. — Nous nous réveillons, fort
heureux du souvenir de la veille. Je suis allé
au café des Mille Colonnes, où j'ai lu les journaux, entre autres le *Bulletin* qui blâme l'administration de m'avoir engagé. Couderc vient
m'y chercher. Nous prenons une voiture et
nous faisons une promenade à Lacken jusqu'au
tombeau de Malibran, par Thénard. Déjazet
y a déposé sa carte, que des imbéciles ont
mise en morceaux!

IV

DEUXIÈME VOYAGE A LONDRES

26 Février. — Paris. — Deuxième jour de
la République française. Je voudrais retourner
dans un pays libre...

20 Juin. — Nous sommes à Sablonnière,
hôtel Leicester-Square ; je fais à mon valet
de chambre Léonard une leçon de chic anglais à l'usage des domestiques, qui doivent
être plus propres que leurs maîtres, si c'est
possible.

Nous revenons de Covent-Garden. J'y ai
vu M. Gye, seul.

J'ai trouvé ensuite Mitchell à son théâtre.

Robert Houdin y joue en ce moment. Mitchell m'a fait mille offres de services.

On donne ce soir, à *French Plays, Monte Christo* avec les artistes exilés de Drury-Lane par la sauvagerie britannique.

En quittant Mitchell, nous sommes allés voir Mme d'Audeville et M. Moïana, Berkley-Square Thomas's. — Quelle adorable réception ! De vrais cœurs français et amis. Emma, Émile, Mme Lavocat sont ravis de nous revoir. On nous embrasse ; on rit de ce bon rire parisien à bouche-que-veux-tu. Après le dîner, promenade à Surrey Zoological Garden ; nous y avons été témoins d'une admirable fête, comme aucun établissement de Paris n'en pourrait donner une.

Autour d'un lac alimenté par une rivière qui circule dans les jardins, et qu'animent des cygnes noirs de la Nouvelle-Hollande et des milliers d'oiseaux étranges, s'entasse une foule immense, comme on en voit dans les tableaux d'Appian. Devant elle, le panorama de Rome, admirable décoration qui se découpe sur le ciel avec l'église Saint-Pierre, le château

Saint-Ange, des ponts, des arcs, des colonnes ;
de chaque côté, deux estrades en gradins,
l'une pour les spectateurs, l'autre pour l'orchestre. Jullien fait exécuter là des œuvres
bizarres, offrant à l'oreille tous les bruits,
toutes les combinaisons sonores : on entend
l'orage, la symphonie du chemin de fer, le
chant du mastodonte.

La nuit descend, nuit véritable, faite par le
bon Dieu, le premier des machinistes, qui
retire son grand lustre sans qu'on entende le
grincement des poulies. Rome s'illumine, la
croix de Saint-Pierre s'enflamme, et pendant
une demi-heure c'est une pluie de feu tombant
du fort Saint-Ange aux détonations de son
artillerie. Le feu retombe dans l'eau ; les ser-
penteaux plongent à un endroit, reparaissent
à un autre comme le serpent de mer du
Constitutionnel ; les cygnes noirs jouent et
barbotent avec le cadavre brûlé des chandelles
romaines.

Enfin un bouquet, conflagration générale
dans les airs. Rome haletante sous la pluie
de feu, comme si elle s'appelait Sodome ou

Gomorrhe ; et, à ses pieds, des chars de nacre et d'algues vertes, où reposent des déesses ; tout à l'entour, un peuple de monstres marins soufflant dans des conques qui, au lieu de sons, vomissent de la flamme ; puis, subitement, l'obscurité, et un immense hourra du peuple anglais satisfait. C'est un rêve ! O Ruggieri ! O ordonnateurs de nos guinguettes nationales ! Vous disposez de quatre cent mille baïonnettes, de pas mal de terrain et de poudre, et vous n'avez à nous offrir qu'un char en carton et des vierges hâlées. Je m'imaginais que c'était une fête extraordinaire ; pas du tout : on la recommence demain. L'entrée ? un shelling.

22 Juin. — A Covent-Garden. On donne la *Gazza Ladra* par Grisi, Mario, Alboni, Mariani, Tamburini, et le premier acte d'*I Capuletti* par Castellan et Pauline Viardot. Oh ! celle-ci. J'en reparlerai lorsque je l'aurai mieux entendue. Elle attache une grande importance à la manière dont elle rend le rôle de Roméo. Tant pis. Elle me fait l'effet d'un amateur

qui, après de profondes études sur un rôle,
note chaque geste, chaque sanglot. Seulement
ce n'est qu'une larve. La vie manque. Le geste
est soulevé par une ficelle. Le sanglot répond :
« Présent » à l'appel. Pauline est une magnifique
pensée intime, sans expansion, camélia con-
damné à rêver le parfum. Qui sait? Si la voix
et le visage avaient égalé en beauté la grande
conscience de l'artiste, c'eût peut-être été
magnifique.

Malheureusement, Pauline est Ingriste ; elle
dessine, mais c'est un talent gris, un jeune
feuilleton de la vieille Sand, le cadavre du
beau, moins la chair et le velouté.

Je ne pense pas que ce soit là l'affaire de
Meyerbeer pour le *Prophète*. Cependant il y a
chez Pauline des qualités si honorables que je
souhaite vivement de me tromper.

23 JUIN. — Dans l'après-midi, Delafield et
Webster, mes directeurs de Covent-Garden,
sont venus nous prendre ; non contents de me
donner quinze mille francs par mois, ils veulent
encore que nous allions demeurer quelques

jours à leur campagne, sise à Fulham, Willow
Bank. Ma femme et Annette sont dans la
voiture; nous montons derrière, Webster et
moi. On a mis des rubans cerise aux oreilles
de Brididi, qui est sur le siège et qui fait l'admiration générale; il ne s'en occupe guère, ce
bon petit chien. Quelle nature modeste! C'est
singulier! Depuis le temps qu'il vit avec des
artistes!

Nous arrivons. Ah! ma foi! il me faudrait
entrer dans trop de détails si je voulais décrire
en entier ce noble manoir. Il est impossible de
tirer un meilleur parti de ce rêve qu'on appelle
la Fortune.

Luxe, goût et comfort, tout y est. C'est une
merveille. A dîner, nous étions douze. Huit
grands laquais poudrés pour nous servir, fracs
bleu ciel, aiguillettes d'or, culottes blanches et
bas de soie roses. Le service se fait avec une
régularité automatique. Ces serviteurs anglais
ont l'air de mannequins fabriqués par Me Cop-
pelius. Pensent-ils? Je ne dis pas non. En tout
cas, ils n'ont aucune des pensées envieuses qui
agitent nos domestiques en France; et, s'ils

volent leurs maîtres, ce qui est de mode partout, au moins ils les respectent.

Après dîner, musique. J'ai chanté presque tout les *Huguenots*, et déchiffré des glees à trois et quatre voix : simple et charmante musique écossaise, inconnue à nous autres Français, qui connaissons tout. Jules de Glimes, pianiste belge, accompagnait.

26 JUIN. — Flâné jusqu'à midi. Nous ouvrons nos fenêtres. A nos pieds coule la Tamise, large comme deux fois la Seine à Rouen. De l'autre côté, un paysage admirable ; une colline qui vient mourir en pelouse verte dans le flot jaune où se reflètent des ormes gigantesques et des saules. A droite, le vieux pont à piles de bois, une église gothique *ancienne*, une maison *gothique* nouvelle. Après déjeuner, Fanny part pour Londres chercher des nouvelles de Paris ; on parle d'insurrection.

Nous restons, Webster et moi, à nous promener du parc aux potagers, inspectant les écuries, jouant au billard, fumant des *plan-teurs* et faisant chanter, dans leurs cages d'or.

4.

deux amours de petits bouvreuils, qui sifflent en entier, et très juste, le *God save the Queen*! L'air fini, ils lèvent la queue, ils baissent la tête : c'est un salut. Oh! ils n'attendent pas pour cela qu'on les applaudisse... Ils peuvent débuter aux Italiens.

A cinq heures, Fanny rentre ; elle apporte les journaux anglais qui contiennent les détails de l'insurrection à Paris. Ah! ceux qui sont loin du danger souffrent mille morts! Que ne suis-je là, mon Dieu! Comme je donnerais mon pauvre sang inutile pour assurer le triomphe de la civilisation sur la barbarie! Mme d'Audeville, qui devait venir dîner nous fait dire qu'elle ne viendra pas : les larmes l'étouffent ; et moi, après le dîner, pendant que ces Anglais chantent et rient, accompagnés par cette courge de Glimes, qui a pourtant vécu de notre vie à Paris, mais qui se dit étranger pour se dispenser d'avoir du cœur, je m'en vais dans un coin de ces salons, embaumés de bonheur et de luxe, et je pleure.

Ça m'a fait du bien! Je n'y tenais plus, je suffoque. Caligula voulait que Rome n'eût qu'une tête pour l'abattre. — Si l'insurrection n'en avait que mille, je crois que je solliciterais l'emploi de bourreau : et pourtant, je suis de ceux qui t'ont rêvée, ô République ! mais point telle qu'on veut te faire et, si je te maudis presque, c'est que, par ta faute, te voilà agonisante, éternité de quatre mois ! Allons donc ! ce ne sont pas des républicains, ceux-là, ce sont des bêtes fauves, déchaînées par des forçats. Ils ne seraient pas plus tôt les maîtres qu'ils se dévoreraient entre eux. Si ça continue, je crois que je me broierai les dents de rage. J'ai envie de retourner à Paris... Qui sait?... Il brûle peut-être en ce moment (trois heures du matin.)

27 JUIN. — Je me suis réveillé sous l'impression d'un cauchemar épouvantable ; je me voyais dans la cour de notre hôtel à Paris, rue Rochechouart ; devant nous montaient des voitures pleines de cadavres mutilés, brûlés, empestant !

Je me lève en sursaut, comme l'Oreste antique, cherchant le sens de mon rêve : mes

pauvres parents ! mes chers amis ! où sont-ils ?
Et Édouard Foussier ? Nous n'y tenons plus,
on attelle, et nous allons avec Delafield chercher des nouvelles à Londres ; nous trouvons à
Sablonnière-hôtel une lettre d'Adolphe. Dieu
merci ! pas de malheur chez nous... Jules
Duprez, mon voisin de gauche dans les rangs
de la garde nationale, quand nous avons pris
les armes au 16 mai, a eu hier l'épaule percée
d'une balle. — Il ne te manquerait plus que
cela, bon peuple ! tuer tes gloires !

JEUDI 29 JUIN. — Nous avons été au concert
de Berlioz ; j'ai entendu la symphonie d'Harold,
et *Mélancholy* : c'était triste, une vraie fête
d'exilés. La France artistique dispersée se
retrouve ici applaudissant ce génie sauvage et
trop longtemps incompris, Berlioz, à qui l'on
rendra justice un jour pour peu qu'il se brûle
la cervelle. Concert magnifique d'enthousiasme ; mais peu d'argent. Berlioz est un aigle
qui habite les sommets, le nuage ; et les mines
d'or ne poussent point de filons de ce côté.
Nous tâchons de le consoler, nous dînons avec

lui. Douce et bonne réunion ! Nous calembre-
dainons un peu comme au bon temps, sous le
tyran...

Vendredi 30 Juin. — Vivier est venu me
prendre pour aller dîner chez Mme Viardot,
Clifford villa, St-John's wood, Maida Vale, 26.
(C'est à coucher dehors, une adresse comme
ça !) Eh bien, décidément c'est une femme
charmante, comme je le pensais. Avant d'entrer
elle m'a fait tout de suite revenir sur son compte ;
elle m'a gagné par le prestige réel qu'elle
exerce sur ceux qui la voient dans l'intimité !
C'est la science sans pédantisme, l'organisation musicale la plus complète. Puisque nous
devons cette année ou l'autre, jouer le *Prophète*
ensemble, je crois que nous ferons de bonnes
choses. Elle me prédit que j'aurai de la peine
à débuter ici d'une manière convenable ; rien
de ce que je dois monter n'est prêt, et Mario
tient le reste. Les directeurs sont charmants ;
ils nous font mener une existence de princes,
mais ils ne s'occupent pas de leur théâtre.
Je suis rentré avec Vivier. — Comme le

cocher de notre cab, qui venait de recevoir une crown pour sa course, en paraissait très satisfait, — ce qui est rare chez les cochers, — Vivier, émerveillé de ce fait, a ajouté six pence, uniquement pour le récompenser... d'avoir paru content... Il dit que tous les cochers de Londres vont savoir cela, et seront ainsi encouragés à avoir l'air content, même quand ils ne le seront pas.

1ᵉʳ Juillet. — Après déjeuner, je vais chercher la musique qui doit me servir à répéter avec Mᵐᵉ Viardot, chez qui je me rends avec Vivier.

Je reviens dans un cab dont le cocher ne me comprend point parce que je prononce Régent Street au lieu de Rigent Street.

2 Juillet. — Le soir, nous allons à *Fulfran* avec Vivier, à qui je prête une chemise ; j'y ai chanté *Adélaïde*. Fanny m'en veut parce qu'elle n'aime pas ce morceau. Webster chante avec Tamburini le duo de *Guillaume Tell*, Tamburini en italien, Webster en français.

Ne voilà-t-il pas la chose la plus curieuse du monde ! Oser s'associer un partenaire comme Tamburini et ne pas savoir mieux que Webster ! Vivier a eu un grand succès. Corbari, Castellan, Viardot ont chanté. De Glimes est arrivé complètement ivre. Il est amoureux de Corbari et, pour l'émouvoir, il s'est fait une entaille assez forte à la main avec un couteau de table !

Mardi 4 Juillet. — On donne la *Favorite*. Massol débute ; il ne sait pas ce qu'il dit en italien et profère un horrible charabia. Il a chanté son air d'entrée fort bas, mais il a eu de bonnes choses ailleurs. En somme, c'est un succès pour lui quand nous pensions que ce serait une chute. Les journaux sont charmants. Massol a ce qui me manquera toujours : la connaissance de la cuisine artistique. Il va faire visite aux journalistes, aux hommes influents. Pendant ce temps-là, moi, je reste dans mon coin, à méditer une partition, à rêver creux souvent. J'ai bien tort. Rien ne se fait ici que par recommandation, intrigue, mais je sais tellement ce qui me manque comme artiste que je suis constamment préoccupé de me perfectionner.

Ce qui me déplaît dans notre état, c'est qu'à côté de la question d'art, il y a la question industrielle, la mise en œuvre de l'acquis, l'explication du tableau. Il faut faire valoir sa marchandise...

Pour en revenir à Massol, Webster était furieux de l'avoir laissé débuter. Fanny, le matin, avait fait porter deux chaises brodées par elle et dont elle fait cadeau à Webster. Les chaises ont été mises dans la loge de la reine qui était au théâtre. Webster, en revanche, nous a donné un grand panier de fleurs qui étaient dans cette loge.

MERCREDI 5 JUILLET. — Flavio Ping est venu me voir. Nous sommes d'anciens camarades du Conservatoire; il était plus avancé que moi à cette époque! Il avait une facilité merveilleuse. Il a quitté la France pendant cinq ans, puis est venu débuter dans mes rôles à Paris, mais il n'est resté que quelques mois à l'Opéra-

Comique, où il croyait certes m'avoir *écrasé* dans *Richard, Jean de Paris,* etc...

Et nous nous retrouvons à Londres, avec le souvenir d'une amitié de Conservatoire, mais cependant en rivalité d'intérêts ; lui, furieux de voir son ancien camarade, le petit Roger, ayant une réputation établie à Paris, capitale du monde artistique, moi, pour ainsi dire honteux de l'avoir dépassé.

Après l'avoir entendu pourtant, je m'explique et ses succès du Conservatoire et son obscurité actuelle. Sa voix est toujours fort belle, il a toujours été excellent musicien, mais le goût manque. L'Italie l'a gâté en lui donnant la rage de l'effet quand même, le point d'orgue ou la mort !

En outre, il pousse sa voix dans les dernières limites du fort, mais, trois minutes après, il n'y a plus rien ; l'enrouement arrive ; il tousse. graillonne, il ne semble pas fait pour supporter un rôle de longue haleine. Il est bel homme, grand ; ses traits sont beaux dans l'immobilité. mais dès qu'il faut de l'expression, ils prennent quelque chose de niais ; le geste devient gauche et maussade. Ayez donc avec cela un succès durable !

Quant à son amour-propre, il est trop durable. On ne saurait parler de soi avec une plus merveilleuse admiration. Il m'a chanté la romance de *Don Sébastien*. Le commencement était très bien : bonne voix, bon style. La fin atteignait le comble de l'absurdité en fait de goût. Il nous a demandé notre avis; nous lui avons dit que nous trouvions cela exécrable. Il a, dit-il, fait beaucoup d'effet *avec* cette fin. Je lui ai dit qu'il avait fait beaucoup d'effet *malgré* cette fin. Il a semblé étonné de voir un homme qu'il considérait comme son inférieur dans l'échelle musicale le rappeler au sentiment du vrai et du beau.

Je lui ai cité Duprez comme notre modèle à tous...

SAMEDI 8 JUILLET. — Je sors avec Berlioz. Nous allons voir Barnett. Nous passons une partie de la journée à rire, polyglotter, boire et fumer.

Ce Barnett conquiert l'estime de Berlioz par sa manière de comprendre et de sentir.

Le soir, je suis allé à Covent-Garden, où l'on donne *Il Barbiere*, qui est joué et chanté avec une telle facilité et un tel sans-façon que la partition ne paraît plus être qu'un petit vaudeville.

Je m'attendais à chanter Lucie mardi, mais… je ne peux pas savoir qui est cause du retard. Il y a là-dessous quelque chose, quelque machination *italienne*.

DIMANCHE 9 JUILLET. — A midi, j'ai vu passer un chien dans Regent Street. Il était très pressé, peut-être parce qu'il n'avait pas de parapluie.

Le moricaud qui balaye la boue pour faire un passage propre devant la maison, et qui demande l'aumône, n'ayant vu passer qu'un chien qui encore était très pressé, a réfléchi qu'il perdait son temps et il s'en est allé… La rue est restée vide. Mon Dieu, faut-il que je m'ennuie pour écrire des choses comme cela !…

MARDI 11 JUILLET. — Nous sommes allés entendre Jenny Lind à Her Majesty's. Comme je suis engagé par Lumley pour faire avec elle une tournée en Angleterre, en Écosse et en Irlande, cela m'intéresse. On a donné *Lucia*. Je suis fixé, quoique ça ne soit pas son meilleur rôle. C'est une des plus grandes artistes qu'il m'ait été donné d'entendre. Sa voix, charmante dans le haut, a malheureusement un peu de faiblesse dans le médium ; mais que d'intélligence et d'invention ! Elle n'imite personne ; elle fouille sans cesse et la situation scénique et la phrase musicale ; elle a des traits et des points d'orgue d'une nouveauté et d'une distinction qui me raccommodent avec ce genre d'exercice. Je suis dans la phase dramatique, je l'avoue ; je n'aime pas la roulade : ça me viendra peut-être plus tard.

Jenny Lind fait quelque chose de très bien à l'anathème : au lieu de se traîner après son amant, — comme les autres Lucie ne manquent pas de le faire jusqu'à la fin de l'acte, — dès qu'Edgard l'a repoussée, elle reste immobile. Une statue ! Un sourire livide vient glacer ses

traits ; l'œil se fixe, hagard, sur la table où le
contrat fatal a été signé par elle, et, quand le
rideau baisse, on voit que la folie commence.

J'ai eu froid dans le dos.

MERCREDI 12 JUILLET. — Visité à Cheswick
l'exposition des fleurs et les jardins du duc de
Devonshire. C'est renversant ! Je me sers de
ce mot, parce qu'en effet ça renverse pas mal
de mes idées. Quand on voit ces résultats
grandioses, ce luxe et ce goût, dont le premier
venu est admis à jouir, que deviennent les
combinaisons, les rêves socialistes ? Ceci est
l'œuvre d'un seul. Une association populaire,
sera-t-elle, je ne dis pas assez puissante, — elle
le serait davantage, — mais assez d'accord
sur les moyens d'exécution propres à bâtir et
mener à bien des merveilles telles que ces
parcs et ces palais ?

Une volonté unique, riche et obéie, n'est-elle
pas le plus puissant levier pour faire sortir de
terre des œuvres d'art ou des Pyramides ? La
volonté divisée à l'infini désagrége et disperse ;
l'unité rassemble, fonde et conserve. Les

grands peuvent donc être utiles à quelque chose. On peut les aimer, les admirer sans servilité pour leurs qualités. Oui ; mais il faut qu'ils en aient, ils seront bien forcés d'en avoir.

La philosophie moderne a jeté de trop vives clartés pour que ceux que nous consentirions, dans l'intérêt de la société, à regarder comme la clef de voûte de notre édifice, se crussent des droits et la possibilité de faire un retour aux vieux abus.

Cela est si vrai qu'ici chacun vénère le noble et le riche, comme l'Égyptien qui adorait la source du Nil. C'est d'en haut que découle toute fertilité et toute considération. La reine honore le duc, celui-ci le marchand, et le marchand l'ouvrier. Chacun trouve un plus petit que soi à protéger, et un plus grand que soi pour en tirer profit et honneur.

Mais alors que devient l'égalité, Mutius ? c'est donc un rêve ? J'en ai bien peur... mais jamais je ne l'avouerai.

Après tout, que suis-je, moi ? un homme de bonne volonté. Je discute et je me cherche.

Mon vieux Tacite a bien raison. Le plus difficile pour un bon citoyen n'est pas de faire son devoir... c'est de le connaître.

JEUDI 13 JUILLET. — Je vais dîner chez M. Moïana ; il y a là un anglais très riche, un ami de Lumley à qui il a prêté 10,000 livres. Il ne sait pas qui je suis, et se grise avec deux verres de Porto. Il est pris d'un rire inextinguible. Je rentre m'habiller pour aller chez le baron Goldsmith, très riche juif qui a marié une fille au comte Avitord, portugais francisé. Le baron avait remporté deux prix au concours d'horticulture, avec ses fuchsias. Je n'ai jamais vu, autre part que chez lui, une si nombreuse réunion de fuchsias, soit comme variété, soit comme force. Ils sont énormes. On dirait des saules pleureurs.

C'est une aimable famille que ces Goldsmith. Mais des prétentions de toilette effrayantes ; un mouchoir de dentelles toujours à la main ou pendant à la poche du gilet ; un ordre en sautoir autour du col, des manchettes rabattues sur l'habit.

Vendredi 14 Juillet. — André Hoffmann vient le matin; nous déjeunons, puis je vais à Covent-Garden pour mes costumes; on répète les *Huguenots*. Nous dînons. Vivier, de retour de Manchester, frappe, mais la bonne, par un malentendu, lui dit qu'il n'y a personne.

Il va dîner dans une taverne où on lui montre un grand morceau de viande. On lui demande s'il en veut. Il croit que c'est du veau, il accepte ; on lui offre des confitures avec, et il paye six schellings pour cela. C'est de la venaison, il n'est pas content.

Le soir, je vais retrouver Hoffmann aux Français pour le présenter à Mitchell ; celui-ci l'accueille très bien et nous mène au Lycœum voir jouer en Anglais ; je ne comprends pas encore bien. Je saisis à peine dix mots sur quarante, mais enfin, il se fait un petit jour dans mon esprit : ça pourra grandir.

Samedi 15 Juillet. — Il est charmant, ce Vivier ! Il a toujours le mot pour rire. Sortis le matin, nous rentrons à quatre heures. La bonne nous dit : « M. Vivier est venu ; il vous a laissé un petit mot. »

— Où l'a-t-il mis ?

— Dans la commode.

— Étrange !

J'ouvre donc la commode, et, au milieu de mes mouchoirs, je trouve... un serpent, un vrai... une femelle. Ce n'est pas que j'aie poussé très loin mes curiosités à ce sujet ; mais, à côté de cette bête enroulée, il y avait trois œufs, trois vilains œufs jaunâtres, mous, ridés, qui avaient l'air de ne demander qu'à crever. Ça m'ennuyait, moi... pour mon linge ; ma femme n'était pas contente non plus. J'avais beau lui dire : Tu sais, Vivier, c'est un bon garçon ; il a besoin d'affection... il l'aime, ce serpent...

— Ce n'est pas une raison pour venir me le mettre dans ma commode... On a beau être liés...

— Que veux-tu : pour lui, c'est un ami... il m'avait prévenu qu'il me le présenterait. Je sais qu'il a dû passer chez la duchesse de K... pour son concert... Il n'aura pas voulu y

aller avec son serpent... c'est bien naturel...
la première fois qu'on va dans une maison...

— Mais enfin, est-ce qu'elle va coucher ici,
cette bête.

— Pourquoi pas? Elle n'a pas l'air féroce...
Elle dort.

— Et si elle se réveille, et qu'elle ait faim?

— Envoie chercher un lapin... et pousse le
tiroir...

Heureusement que Vivier est revenu le soir
reprendre sa bête ; il n'a pas eu l'air gêné ; il
nous a seulement demandé en entrant :
« Dites donc, mes enfants, vous n'auriez pas
par hasard trouvé un serpent chez vous? »
Drôle de corps ! va.

Dimanche 16 Juillet. — Nous avons été
avec M. et Mme Dorus-Gras, M. et Mme Ander-
son, pianiste de la reine, passer la journée à
Greenwich. Nous en visitons le musée. Il est
tout rempli de tableaux représentant les piles
célèbres que les Anglais nous ont données sur
mer. — Pour un Français, c'est un crève-
cœur. — Une réflexion me cause une maligne

joie : c'est que tous ces tableaux sont si mal composés, si mal peints, que, sans l'inscription indiquant au bas que c'est Trafalgar, le Nil, la Hogue..., il serait impossible de deviner qui a le dessus de l'Anglais ou du Français. Nous pouvons bien avouer quelques défaites ; il nous restera le sceptre des arts ; nous peignons mieux que cela.

Il y a dans la cour un canon d'une effroyable dimension ; on pourrait y mettre un homme en guise de boulet, il y serait à l'aise.

Nous visitons les dortoirs des Invalides. L'un de ces dortoirs est l'ancien salon de Charles Ier, et l'on m'a montré la fenêtre par laquelle Charles II s'est enfui. Ces indications nous sont données par un vieux matelot qui a servi sous Nelson.

Nous avons fait le fameux dîner de poissons. On nous en sert de huit ou dix sortes au premier service, avec des sauces aussi variées que pimentées. Mais le roi de la fête, c'est le white bait, espèce de tout petit goujon qu'on mange frit : on en a mis devant nous une montagne sur un plat d'argent.

Promenade au Parc, qui est très accidenté. Cette ville de Greenwich me semble hospitalière : dans les rues, sur le pas de chaque porte, une jolie fille vous invite gracieusement à entrer chez elle et à prendre le thé, et il est bien probable que si on a faim on peut prendre autre chose.

Mardi 18 Juillet. — Fanny est malade. La famille d'Audeville vient la voir, Mme Gras aussi, qui m'a encore ennuyé avec Vivier, puis Brandone, puis Salabert, qui veut toujours avoir des billets, et on me dit qu'il les vend ! Il n'en aura pas. J'ai dîné seul, près du lit de ma pauvre malade, que cela rend très heureuse, et qui, au milieu de ses douleurs, a un appétit du diable. Le soir, je vais au théâtre : on donne *Cenerentola.* Je rencontre Fiorentino au parterre ; il est furieux d'avoir payé pour entrer, et se plaint des originalités de MM. les directeurs qui semblent ou très distraits ou très oublieux.

J'ai une petite scène avec Costa au sujet du programme de demain. On y annonce l'air de

Lucia chanté par moi, et personne ne m'a consulté. Ce programme a été présenté à la reine qui l'a approuvé et je ne peux savoir qui l'a fait. Enfin ! tout cela aura un terme.

MERCREDI 19 JUILLET. — Webster et Delafield ont eu une excellente idée pour se concilier le patronage de la reine et de l'aristocratie : ils ont donné cette grande fête de jour musicale et dansante, dans le programme de laquelle figure, malgré moi, l'air de *Lucia*. Cette fête a lieu chez eux, à Fulham, au bénéfice de l'association pour le blanchissage des pauvres de Londres, dont la reine est présidente. Le billet coûte, je crois, deux guinées.

Nous sommes partis de Londres à 2 heures; bien longtemps avant d'arriver à Fulham, on voyait déjà les maisons pavoisées de drapeaux avec des fleurs et des inscriptions portant : « *Long life to the Queen !* » De la grande porte de Willow Bank au péristyle et du péristyle à la tente dressée sur la pelouse, s'étendait une galerie improvisée, dont la couverture était soutenue par des colonnettes enguirlandées

de fleurs exotiques. La musique des horse
guards jouait des fanfares pendant que les
cloches de la ville nous envoyaient d'assour-
dissantes volées. — A quatre heures, la reine
est arrivée.

Aussitôt le concert a commencé. Costa le
dirigeait. Alboni, Grisi, Mario, Lablache et
moi, composions le programme. J'ai chanté le
fameux air de *Lucia* et « Quel plaisir d'être
soldat ! » Le prince Albert m'a complimenté.

Après le concert, les danses sur la pelouse.
On avait ainsi organisé les quadrilles : —
quatre rose, quatre bleu, quatre ponceau et
quatre orange. Ils étaient dansés par les plus
jolies héritières de l'aristocratie anglaise, un
tas de petites duchesses, vignettes veloutées,
telles que nous les dépeignent Walter Scott et
Byron : — grands yeux noirs à longs cils,
cheveux blonds épars, diaprés de bluets et
d'épis. Et des toilettes ! et des titres ! et de la
fortune !

Tout plaisir a une fin. Quand a commencé
le défilé des voitures de la reine et des équipages, je me suis mis, pour le voir, le long de

la grande allée, l'épaule droite appuyée à un acacia.

Lavandy est venu me dire tout bas :

— Vous savez qu'il est de l'autre côté de votre arbre?

— Non.

Et je me suis retourné. J'ai vu un homme au nez aquilin, à l'œil bleu, dont le regard morne et profond se fixait sur ces splendeurs royales.

— Qui donc? fis-je à Lavandy.

— Louis Bonaparte.

— Ah bah !

En effet, il vient d'être nommé représentant du peuple ; comme son nom a paru gênant, on l'a prié d'aller prendre des vacances, et il est revenu à Londres, qu'il habitait auparavant. Je suis bien aise de l'avoir vu : ça sera peut-être un personnage.

20 Juillet 1848. — Dans la journée, Flavio Ping est venu nous voir. A l'époque où nous étions ensemble au Conservatoire, c'était le beau Ping.

Il réussissait merveilleusement à charger Rubini, sinon à l'imiter ; et les dames de se pâmer, et de lui dérober ses mouchoirs, qui sentaient toujours très bon. Quand on est garçon, ça va ; ces larcins ont leurs compensations. Une fois marié, la ménagère n'aime pas cela... ça fait des manques dans la douzaine.

Nous avons été voir les *Huguenots*, ce soir, à Covent-Garden. La salle n'était pas pleine, ce qui m'étonne : car la reine y est venue en grand gala. Elle était en noir ; le prince Albert en uniforme rouge. Ils n'ont pas bougé de leurs fauteuils ; les pauvres dames d'honneur se sont tenues debout toute la soirée, ainsi que les officiers avec leur habit au plastron placardé d'or. — Mario a dit le quatrième acte avec une adorable voix ; j'ai été le complimenter, — ainsi que la Viardot, qui a chanté comme un ange.

Ils ont été sublimes tous les deux. J'ai rarement éprouvé une si poignante émotion. Ce quatrième acte est le chef-d'œuvre de la musique dramatique ; l'amour, cette fleur de la vie, s'y épanouit avec tous ses parfums et ses enivrements. S'il n'était pas en ce moment une heure du matin, je chercherais à dire ce que j'ai ressenti. Allons, bonsoir ! dormons là-dessus.

A propos, quand donc chanterai-je, moi ? Bah ! Dieu est grand, et je suis jeune.

Vendredi 21 Juillet. — Mitchell est venu me parler d'une tournée dans les provinces avec Jenny Lind ; ça doit être une heureuse affaire. Le soir, je vais aux Français dans l'avant-scène de lord Chesterfield, puis dans la loge de Mittchell, enfin dans celle de Mme Doche.

22 Samedi. — Mittchell vient à midi. Je demande 15,000 francs par mois. C'est trop, dit-il. Je me rabats à 12,000 francs. Je ne jouerai que trois fois par semaine, et les concerts en plus me seront payés séparément. La tournée devra durer deux mois. Je chante-rai : « *Figlia del reggimento , la Sonnambula, Lucia.*

Je sors pour avoir la *Sonnambula* ; personne ne peut ou ne veut me la prêter.

DIMANCHE 23 JUILLET. — Un des plus tristes dimanches de Londres. Pluie. Vent. A 2 heures, je vais chez Mme Viardot. J'ai pris l'omnibus *Atlas* qui m'a laissé dans Alpha Street au lieu de me mener à Clifton Villa comme les autres. Je me suis cru perdu dans Londres. Je demande Maïda Hilt à un Anglais qui me répond que j'y suis. Au même instant, j'entends un sifflet qui joue dans le lointain. « Ah, quel plaisir d'être soldat ! »

Je croyais rêver au milieu de cette immense rue où il n'y avait que trois ou quatre personnes à un mille et demi de distance et une voiture arrêtée. Je regarde la voiture. c'était Osborne qui sifflait; il allait avec Hampton, son beau-frère, et sa sœur, Mme Hampton, répéter chez Mme Viardot. Lady Essex est venue, ainsi que Mme Balfd qui prétend que le seul Théâtre-Italien possible pour les chœurs. l'exécution et l'orchestre est Covent Garden. Une fois le monde parti, je reste avec Pauline Viardot pour mettre, sur le livret italien des *Huguenots*, les véritables paroles, et je reviens à la maison.

Lundi 24 Juillet. — Lavanchy est venu nous voir ; il est furieux contre l'article du Constitutionnel où Fiorentino dit à propos de la fête de Pulham, qu'en voyant toutes ces richesses et cette reine si heureuse de ses enfants et de l'affection qu'elle inspire, il ne peut s'empêcher de penser à l'Irlande où des milliers d'individus meurent de faim et sont rongés par les rats...

Lavanchy prétend que ce n'est pas vrai, que les Irlandais sont de la canaille qui ne veut pas travailler, et que cet article va être reproduit par les journaux anglais pour montrer comment un écrivain Français reconnaît l'hospitalité que lui accorde l'Angleterre.

Mercredi 26 Juillet. — Je vais voir Fiorentino qui me fait admirer toutes ses emplettes anglaises. Le soir, nous allons au Théâtre-Français. On donne *le Docteur Robin, Vestris Ier* avec Levassor et une ordure appelée *les Égarements d'une Canne et d'un Parapluie*.

Je ne conçois pas d'abord que *l'esprit* français produise de pareilles insignifiances et que l'esprit anglais les accueille. Il faut que nous ayons une fameuse réputation d'esprit pour que les gens qui n'en ont pas, admettent ce genre d'ouvrage comme amusant parce qu'il est français. Régnerons-nous donc éternellement sur le monde par nos vaudevillistes, nos cuisiniers, nos danseurs, nos perruquiers et nos farceurs, et ne règnerons-nous donc jamais par nos véritables grands hommes?

JEUDI 27 JUILLET. — Costa, qui m'avait déjà proposé de couper, dans *Guillaume Tell*, une partie du 1ᵉʳ récitatif, ce à quoi je m'étais fortement opposé, revient à la charge. Je lui fais une concession, quoique à regret. C'est m'arracher la moitié du cœur. Quand on pense que cet homme est l'idole musicale de Londres, et qu'il a le front de tailler dans *Guillaume Tell* la tête ou la queue des morceaux! Le sang de Rossini! sa meilleure âme! Il n'y a donc point de sens musical en Angleterre?...

Voilà que, ce soir, ce fou de Davisson, qui ne manque pas de connaissance en musique. vient me soutenir que Meyerbeer et Halévy ne sont pas des musiciens, qu'ils n'écrivent pas correctement ! Ah, je l'avoue, si Hondel est la correction et si la correction est la musique, la musique m'assomme ! Je ne veux pas en entendre plus de cinq minutes... Je retourne à l'incorrection, à l'imprévu, à la passion humaine, à la littérature musicale.

Arrière la trigonométrie en musique !

Nous avons été revoir *Lucia* par Lind. Plus que jamais, c'est une grande et sublime artiste, qui a l'inspiration et le travail.

Les traits sont d'une hardiesse et d'une originalité toute sauvage. C'est grand et c'est frais !

Il y a des choses qui sentent le bois et la mousse; ça fait du bien, parole ! au milieu de ce fatras de soi-disant talents qui n'ont qu'une qualité, l'exécution. Ils ont bien la voix, mais non la flamme intérieure.

Nous allons ensuite à Covent Garden. C'est le bénéfice de Grisi. Nous arrivons pour le quatrième acte de la *Favorite* : il est vraiment bien chanté et bien joué.

Je cause longtemps avec Bunn. Ces diables d'Anglais ont une manière de parler des heures entières sans rien dire, avec des mots qui représentent des à peu près d'idées. C'est énorme !

JEUDI 3 AOUT. — *Dies albo sigillanda lapillo !* — On avait annoncé ce matin les *Huguenots* pour le bénéfice de Mme Viardot. A une heure, Grunheisen vient nous dire que Mario est souffrant, et qu'on ne sait s'il pourra chanter. Grunheisen nous quitte à quatre heures; il revient me supplier, de la part de la direction, de me charger ce soir du rôle de Raoul. Coup de tonnerre. J'ai beau dire que je n'ai jamais joué ni même répété les *Huguenots*, puisque je sors de l'Opéra-Comique et que je ne suis pas encore entré à l'Opéra : on insiste. — Le moment qui s'est écoulé entre la proposition et ma décision a été effroyable.

Je connais, il est vrai, la partition aussi bien que le chef d'orchestre; mais je joue là mon avenir. Si je ne réussis pas, ma position à l'Opéra de Paris est compromise; si je réussis, ce sera un triomphe. Je réfléchis, je ferme les yeux comme l'homme qui va se jeter à l'eau, et... j'accepte... à la seule condition que je chanterai en français. L'italien m'est familier; mais trois heures, c'est un peu court pour apprendre cinq actes.

Nous filons au théâtre. On m'organise un costume, et, à huit heures, me voilà en scène. Je n'ai pas dîné, je suis affreusement pâle sous mon rouge. Allons, mon pauvre ami, à la rescousse ! Soutenons l'honneur du pays !

Les premiers mots français font un singulier effet sur les oreilles habituées à la langue italienne ; mais la romance du premier acte a eu un succès étonnant. Dieu s'en mêle : tout marche supérieurement, et le terrible septuor du duel est bissé. De même que moi, Pauline Viardot chante le quatrième acte en français. La salle nous rappelle trois fois ; les choristes nous font une ovation sur le théâtre. Je ne savais pas trop mon cinquième acte ; mais j'ai remplacé quelques passages de chant par une pantomime noble et bien sentie. Mon Dieu, merci ! la partie est gagnée.

Samedi, 12 Aout. — Jour néfaste. J'ai chanté

Guillaume Tell, enrhumé, la gorge en feu, par dévouement pour ces messieurs qui m'ont payé un mois à rien faire et que je n'ai pas voulu embarrasser par un changement de spectacle. Je n'ai rien fait de honteux. Je n'ai pas chanté faux. Pas un couac. Mais tout était étriqué, sans chaleur. J'avais la crainte que l'animation ne m'amenât l'enrouement et il fallait finir la pièce !

Je suis arrivé au bout. J'ai même eu des applaudissements dans « *Asile héréditaire* » mais la représentation a été froide, et, si on n'enlève pas *Guillaume Tell* avec un succès d'enthousiasme, on est perdu. Un succès d'estime est un fiasco. Cependant je n'ai pas trop à me plaindre ; tous ceux qui l'ont chanté en italien ont été ternes. Rubini, lui-même !

D'ailleurs, *Guillaume* ne peut en ce moment réussir à Londres. Au milieu des préoccupations causées par l'insurrection d'Irlande, on est mal venu à venir chanter aux anglais : « Ou l'indépendance ou la mort ! » et à faire crier par les trois cantons : *Aux armes* !

Puis l'amour d'Arnold pour une princesse,

amour si français et si chevaleresque, n'entre pas dans l'esprit anglais. Il faudrait ici que le prince aimât la princesse, le soldat la vivandière. Chacun à sa place.

Les Anglais aussi préfèrent la modulation inintelligente de la voix à la modulation passionnée, l'effet sonore à l'effet concentré, la mécanique à l'esprit. Un chanteur à roulades leur fait l'effet d'une machine bien organisée. S'ils lui préfèrent les femmes, c'est parce que généralement elles obtiennent leurs succès plus par l'exécution que par le sentiment.

Il est cependant bien évident que, quand le sentiment se rencontre avec l'exécution comme chez Lind, cela ne gâte rien

Mardi 22 Aout. — A Windsor avec Webster, Delafield, les familles Pastret et d'Audeville et deux Grecs très riches, très aimables. Windsor Castle est un amas prodigieux de tours, de remparts grimpants, gris, crénelés, couvrant toute une colline, bâtisses de plusieurs siècles, qui semblent faites d'hier, tant elles sont propres et cirées.

Nous visitons aussi Virginia Water, site ravissant, tout plein de grands ombrages qui se mirent dans le lac. Sur le flot vert se balance une jolie frégate de plaisance, pimpante, avec ses canons de cuivre bien astiqué. Nous avons fait le tour du lac. Ah ! que mon cœur de chasseur a battu ! Dans tout ce pays, le gibier est tellement abondant que perdrix, lapins, faisans, restent à picorer entre les jambes des chevaux, tandis que de grands troupeaux de chevreuils curieux arrivent du fond des prairies pour nous voir passer.

Vendredi 24. — Mon Dieu ! que j'ai ri, ce soir ! J'avais invité à dîner mes directeurs à Grillon's hotel. Nous avons eu après cela un peu de musique et une petite sauterie. Parmi nos danseuses, une des plus charmantes, sinon des plus sveltes, était la Corbari. De Glimes, pas mince non plus, la tenait par la taille et suait sang et eau pour en faire une femme légère, lorsque Webster, voulant lui faire un compliment mêlé d'une petite pointe de plaisanterie, lui dit avec ce doux accent traînard qui me plaît tant dans la bouche de ce gentleman :

— Brévo ! brévo ! Corbari, vô dansez avec une légièreté ! Vô bondissez, ma chère, ma pérole d'honneur ! on dirait tout à fait une jeune vache !!

A cet horrible pataquès tombé au milieu de nous, comme un pavé dans une cuvette, toute la société s'esclaffe le long des murailles, chacun cherchant un coin pour y tordre son rire et cacher sa rougeur.

Le malheureux ! il avait voulu dire : génisse. Son intention était bonne : en français, « génisse » est gentil ; il n'y a pas moyen de s'en fâcher, pour peu qu'on ait lu Delille et Bitaubé. Mais jeune vache ! oh la la ! jamais !

DIMANCHE 27 AOUT. — Passé la journée à la maison. Temps triste, qui porte à la rêverie. Je me revois enfant... Puisque je m'ennuie et que je n'ai rien à faire, pourquoi ne m'amuserais-je pas à écrire un chapitre de mes souvenirs ? C'est dit. La chose s'appellera :

UNE FILADE

En 1826, le « père Petit » était le directeur de la pension connue sous ce nom, sise rue de Jouy, au Marais, et qui suivait les cours du collège Charlemagne. Ce nom de « Père » ne lui venait nullement de sa tendresse paternelle pour les petits hommes confiés à ses soins. Bien au contraire, c'était un rude instructeur que ce chef d'institution, dur aux pauvres enfants qui se montraient paresseux, distraits ou espiègles. Avait-il été élevé dans quelque séminaire de pères fouetteurs? C'est probable, car il en avait conservé les procédés chaleureux.

Je le vois encore avec ses petits yeux profondément enfoncés sous des sourcils terribles, moitié blancs, moitié noirs, dont les longs poils hirsutes se retournaient en l'air. Sa taille me semblait, à moi, enfant de dix ans, gigantesque.

Nos pauvres petites joues disparaissaient

souvent sous ses gifles puissantes, comme les touches d'ivoire sous les larges octaves d'un Liszt enragé.

Un long corridor régnait sur toute la façade de l'institution. Nous l'avions nommé le *Boyau aux supplices*. Quand l'un de nous avait négligé d'apprendre par cœur son Lhomond, ou avait planté de petits cornets, fragments de l'*Epitome historiæ sacræ* dans l'arrière-ventre des mouches étonnées de cette façon d'inculquer la science, le père Petit prenait par l'oreille le délinquant effaré, l'amenait à la porte du Boyau, et lui jouait une fantaisie furibonde avec variation de coups de pied adressés dans ce qu'on appelle en boucherie « la pointe de culotte ». Cette fantaisie durait,

> Tout le long, le long
> Le long du corridor.....

Il est vrai que le père Petit nous arrêtait quelquefois à chaque fenêtre pour reprendre ses forces et siroter sa correction.

— « Ah ! brigand ! ah ! mauvais farceur !

disait-il entre les dents, ah ! tu traduis « *Puer,
abige muscas*, » par : « Pierre a pigé du muscat ! » Tiens, mais en voilà, du muscat, et
v'li ! — Tu l'aimes donc le muscat ? et v'lan !
en voilà ! »

Ça ne pouvait pas durer comme ça longtemps, j'avais des idées d'indépendance, gref-
fées sur la lecture de tous les Robinsons du
monde, idées que chaque coup de pied où vous
savez réveillait avec force. La Grèce venait de
faire une insurrection victorieuse. Je savais
cela, et j'avais lu les actions héroïques des
Canaris et des Botsaris. Ces hommes vivaient
dans la montagne avec un fusil sur l'épaule ;
il n'y avait plus pour moi d'autre existence
possible, mais on ne fait pas ces choses-là tout
seul, et quand on ne peut pas s'associer un
peuple, il est bon d'être au moins deux pour
secouer un joug.

J'avais un grand camarade, maigre, sec et
pâle, qui s'appelait Tricot. Il m'avait souvent
raconté que ses parents habitaient les environs
d'Auxerre. Ils avaient des bois pleins de
gibier, des étangs « tout poisson », des garde-

chasses. On voyait dans les bois des charbon-
niers et des sabotiers ; c'était ça, une société !
Comme c'était bien là qu'il eût fait doux de
vivre !

Un jour, Tricot, ayant reçu du père Petit
25 coups de patoche dans la paume des mains,
alla à la fontaine pour leur offrir un rafraîchis-
sement consolateur. Il était tout triste ; — je
lui dis :

— Tricot, c'en est trop, n'est-ce pas ? Veux-
tu filer ?

— Filons ! j'allais te le demander.

— As-tu de l'argent ?

— J'allais aussi te le demander. Non !

— Ni moi non plus, lui dis-je. C'est-à-dire,
j'ai douze sous. Ce n'est pas assez pour aller
jusqu'à Auxerre à deux, mais j'ai un dictionnaire que nous vendrons en route ; et puis nous
allons faire une collecte.

Cette collecte faite dans le plus grand secret
réussit à merveille. Nous étions plus d'une
centaine d'élèves, elle produisit cinq francs
huit sous ! On comptait par sous en ce temps-

là. Nous étions ivres d'orgueil et de bonheur. A dix ans, on n'a pas eu souvent six francs en poche ; on croit qu'avec cela il est facile d'aller au bout du monde, et nous n'avions à faire que 41 lieues à pied. — Et puis, à Melun, on vendrait le dictionnaire !

Cette nuit-là, nous ne dormîmes guère. Le lendemain, au moment où la pension flanquée de ses maîtres, vulgò pions, disparaissait sous le portail du collège, nous opérions une brusque conversion à gauche devant l'église Saint-Paul. Nous arpentâmes rapidement la rue Saint-Antoine et la rue de Charenton, sans oser nous retourner. Le spectre du père Petit, déguisé en gendarme avec des bottes de sept lieues, nous harcelait « *Scelus insequitur pede pæna claudo.* » La preuve que cela est faux, c'est que nous ne reprîmes haleine qu'aux premiers arbres du chemin.

Ah ! voici l'air ! Vive la liberté ! Comme le monde sentait bon ! C'était dans le mois de juin, le mois des herbes odorantes. Nous n'avions pas dépassé cette zone des gibelottes, matelotes, soupes à l'oignon, et vins multicolores, qui emparadise l'air de la capitale à plusieurs lieues à la ronde.

Si je n'avais eu sous le bras mon gros dictionnaire français-latin, latin-français, je me serais senti bien léger.

Tricot s'était chargé de l'argent, sa marche n'en était point embarrassée, ce n'est pas cela qui était lourd !... Heureux mortel, comme fils de grand propriétaire, commerçant, usinier, il avait des connaissances mathématiques qui m'ont toujours fait défaut et il s'était chargé de la comptabilité.

— Dis donc, Tricot, lui dis-je, éreinté, mais d'un air aimable, si tu portais un peu le dictionnaire, tu me donnerais l'argent à porter, n'est-ce pas, ma vieille Trique ?

— Non. Mais non, non, non ! Et puis tu sais, je n'aime pas qu'on m'appelle comme ça dans le monde ; nous ne sommes plus à la pension.

— C'est vrai, mais nous ne sommes pas arrivés, et si tu crois que je vais porter cela jusqu'à Melun ! Je veux que nous le portions chacun à notre tour.

— Et moi, je ne veux pas, dit Tricot.

— Et moi je veux ! Prends donc, grand animal !

Et je lui lançai mon dictionnaire dans le dos.

Je reçus la réponse dans la figure, une gifle ou un coup de poing, je n'ai jamais pu distinguer, malgré l'éclat des trente-six chandelles qu'il me fit voir, et tombant l'un sur l'autre comme les héros de l'Iliade, nous nous fîmes mordre la poussière.

Cela promettait, n'est-ce pas ? Dans cette vie à deux, où nous devions tout mettre en commun, nous n'avions encore échangé que des taloches. Pendant que nous nous relevions pour épousseter nos vêtements, Tricot me dit en ouvrant ses grandes narines, et en reniflant trois ou quatre fois comme un chien de chasse :

—Ça sent le foie sauté, ici ? Est-ce que l'exercice ne t'a pas donné de l'appétit à toi, Gustave ?

Et il alla ramasser le dictionnaire.

Il avait l'air très doux, tout retourné ; je consentis à avouer que j'avais très faim. D'abord. c'était vrai. Nous entrâmes donc dans un cabaret de Villeneuve-Saint-Georges. Je ne sais plus trop ce que nous y mangeâmes. Il y en avait pour cinquante sous.

Presque la moitié de notre pécule !

Nous sortîmes de là un peu pompettes, mais avec des jambes !

— Sais-tu, me dit Tricot, que nous marchons bien, mais que nous dépensons trop ! Demain nous n'aurons plus rien, surtout s'il faut payer notre coucher, ce soir.

— Tiens-tu beaucoup à coucher, dis-je, et surtout à payer pour cela ?

—A payer, non ! mais à coucher ? Oui !

— Alors c'est entendu, nous coucherons à la belle étoile.

Nous traversions en ce moment la forêt de Sénart. Elle avait une mauvaise réputation. cette forêt. Il paraît que les voleurs s'y donnaient rendez-vous, il y a une centaine d'années. On a beau ne pas avoir sur soi de fortes valeurs, on n'aime pas à courir les risques d'être dépouillé de ce qu'on n'a pas.

Et puis les détails d'une attaque sont désagréables; il y a des canons de pistolet dont l'œil rond vous regarde fixement, avec de la poudre dans le fond. Des êtres barbouillés de suie vous bâillonnent, et leurs mains sont sales, et ils sont habillés comme à l'Ambigu-comique ! — Enfin la fréquentation des bandits n'est agréable qu'à la condition d'en être le chef, et nous n'en étions pas là, nous avions onze ans.

Cependant la nuit arrivait avec ses grandes ombres qui amènent les grands effrois. Le vent tordait les arbres; des huhulements et des hurlements se répondaient, évoquant dans notre esprit la pensée de ces loups avec lesquels on a fait frissonner notre enfance, dans des contes aussi idiots qu'attachants !

Tricot et moi, nous ne disions rien, mais le frisson de la transe nous enfiévrait.

Il fallait pourtant nous décider à choisir une place pour nous étendre. Nulle ne nous convenait. — Nous arrivâmes à une clairière. puis à des champs et nous aperçûmes quelques maisons, un village ! Dieu soit loué ! Sur le premier mur se dressaient de grandes lettres noires qui ressemblaient dans le crépuscule à des potences debout ou renversées, après lesquelles grimpaient deux ou trois serpents. Les lettres formaient ces mots :

Locus Sanctus !

O terreur ! ô dérision ! Était-ce le champ du repos ? — Au dessous en plus petites lettres était écrit :

Lieursaint.

Nous étions au village de Lieursaint ; Lieu mis pour Lieur, ou Lieur pour Lieu. Si le père Petit avait été présent à la confection de cette enseigne, quelle jolie taloche il aurait donnée au traducteur !

Tout en nous confiant cette pensée avec un rire un peu forcé, nous songions à nous procurer une couche. Les seigles étaient à cette époque drus et hauts. Nous y fîmes une trouée, marchant en file indienne, et sans crainte du garde-champêtre chaudement endormi. Nous essayâmes de l'imiter en rabattant sous nous ce qu'il fallait de paille pour la couche, et sur nous ce qu'il en fallait pour la couverture, et c'est ainsi que nous inaugurâmes la première nuit de notre vie sauvage.

Nous avions eu soin d'ouvrir le dictionnaire en deux parts pour nous en faire un oreiller. Chacun avait le sien qui n'était pas doux ; c'était la première fois que tant de latin nous entrait dans la tête.

Nous étions couchés sur le dos. Nos yeux tout grands ouverts plongeaient dans l'infini de la voûte étoilée qu'interrompait la course furieuse des nuages chassés en tourbillons par le vent. Dans cette situation, le firmament ressemble à un océan profond et pesant dont la masse paraît prête à tomber sur vous.

Quoique nous fussions bien décidés à trouver, malgré tout, notre équipée charmante, je pensais pour ma part que les petits lits bien blancs de la rue de Jouy valaient mieux que cette façon de confier nos reins au sein de notre mère commune, Alma Tellus ! sein fécond, mais raboteux.

Et notre toilette, demain, qui est-ce qui la ferait ? Nous n'aurions pas là, à notre réveil, les genoux de la bonne sœur Ursule pour nous maintenir la tête, tandis que sa main droite armée du peigne fin se livrerait à un travail intelligent !

Douce quinquagénaire ! elle ne faisait que rire, à moins qu'elle ne se fâchât tout rouge de nos petites mains qui pinçaient ses genoux à en décrocher les jarretières. Combien j'aimerais mieux voir encore se pencher sur moi les deux grandes ailes blanches de sa coiffe empesée, que de sentir... tout à l'heure peut-être... l'haleine chaude de quelque chien errant. Ah ! Tricot !

Debout tous les deux et effarés, nous échangions rapidement ces phrases :

— Quoi ? tu ne dors pas ?

— Non.

— Ni moi non plus. Qu'est-ce que tu as vu ?

— Rien. J'ai peur.

— Moi aussi. Allons-nous en.

Au bout du champ commençait le village. Nous y entrâmes, onze heures sonnaient. Pas une âme, pas une lumière. — A la pâle clarté qui tombait des étoiles, (oh, Corneille ! pardon !) nous vîmes une maison qui était là, à gauche. Non, pas une maison, un-rez-de-chaussée, une porte et une fenêtre. — Tout cela fermé.

— Oh là, père Baptiste, fîmes-nous en heurtant au contrevent...

Nous avions lu au-dessus de la porte : *Baptiste, maçon.*

Au bout de cinq coups et de cinq minutes, nous entendîmes un bruit et un grognement.

— Quoi que vous voulez, vous autres ?

Cette voix rude sortait d'une lucarne au-dessus de la porte, et d'une tête en bonnet de coton.

— Quoi que vous voulez ? Qui que vous êtes ?

— Père Baptiste, nous sommes deux enfants.

— Deux petits camarades, ajouta Tricot.

— Nous avons fait une partie de plaisir dans le bois.

— Nous nous sommes perdus !

— Nous avons bien froid !

— Bien faim !

— Bien peur !

Les petits Tricot et Roger se partageaient

ces répliques d'une voix traînante et larmoyante, mais avec beaucoup d'aplomb. Une partie de ma vocation théâtrale m'a été révélée ce jour-là. Je croyais véritablement, suivant une expression inventée plus tard, « je croyais que c'était arrivé, » et c'est le seul moyen de mettre beaucoup de vérité dans le mensonge.

— Eh ! ben, attendez ! j'vas vous ouvrir.

Le bruit de deux lourds sabots descendant l'escalier et suivi de quelques coups secs du fer sur une pierre à fusil nous remplit de joie. Une chandelle était allumée. La porte s'ouvrit.

— Eh ! Jésus, mon Dieu ! c'est pourtant vrai ce qu'ils disent. C'est des enfants de bourgeois ! Ah ! les pauvres petits ! Entrez donc, galopins ! Et d'où que vous venez ? et comment que ça vous est arrivé, tout ça ?

Alors Tricot, le grand chef de la tribu, prit la parole. Ce que son discours contenait de bourdes, d'inventions et de doléances est inénarrable.

En voici la substance :

Nous étions les fils à M. Benon, maire de Villeneuve-Saint-Georges.

Tricot avait aussi lu ce nom sur une affiche de la Mairie, en traversant la ville.

C'était notre système pour nous faire des connaissances et nous présenter dans le monde.

« Notre père, disait-il, qui était très fier de nous, de notre intelligence et de nos forces avait parié contre un de ses amis de Melun que nous irions le voir, tout seuls, à pied, traversant la forêt de Sénart, même que nous portions à ce monsieur notre dictionnaire qu'il devait renvoyer à notre père comme preuve de l'accomplissement de notre voyage et cætera, et cætera... »

Tricot racontait cela avec de grands yeux pleins d'assurance et de candeur; moi, je baissais les miens comme quelqu'un qui se prépare à jouer les ingénus.

« Mais nous nous étions attardés sur la route à courir les papillons, la nuit était venue, nous nous étions égarés, et nous avions grand' faim. »

Dans tout son discours, il n'y avait que cela de vrai.

Le père Baptiste était un pauvre maçon de

village. Son intérieur manquait complètement d'ordre et de propreté. Ses meubles, chaises et tables, boitaient comme s'ils revenaient d'une longue course. Une crasse luisante, miroir à mouche, en faisait le seul lustre. Quelques bonnes toiles qui avaient un peu poussé au noir pendaient, il est vrai, le long des murs, mais elles ne valaient pas cher, c'étaient les araignées qui les avaient tendues.

A ce mot de « faim » notre hôte se leva de la table où nous étions assis entourant la chandelle fumeuse et coulante dans son petit chandelier de fer noir ; il souleva le couvercle d'une huche, en tira la moitié d'un gros pain rond qui répandit autour de nous une bonne odeur de seigle, plus un restant de fromage à la pie.

Ce n'était pas tout à fait avoir de la chance parce que, chez le père Petit, le fromage à la pie était notre exécration ; nous le jetions toujours sous la table du réfectoire, et certes faire huit lieues à pied pour venir manger du fromage à la pie n'était pas compris dans nos rêves de bonheur. Mais celui-ci était assaisonné par une faim dévorante, nous lui fîmes honneur.

Et pourtant il avait une qualité particulière, il croquait : beaucoup de sable et peu de crème. Il avait peut-être vu le jour dans l'auge à gâcher serré du maçon.

Tandis que nous donnions de forts coups de couteau et d'agiles coups de dents à travers le pain de seigle, Baptiste, du ton d'un homme qui a manqué à tous ses devoirs, s'écria :

— Mais il faut que vous buviez, mes pauvres enfants, vous allez vous étouffer, j'vas vous chercher d'la boisson, j'descends au cellier.

Il se leva, et, au moment de disparaître, il se retourna vers nous en disant d'un air qui nous sembla un peu narquois :

— Ah ! vraiment, vous êtes les fils à M. Benon, le maire de Villeneuve-Saint-Georges. Mais c'est que je le connais bien, moi, M. Benon, je l'connais bien, j'ai travaillé pour lui.

Et il disparut.

Nos mâchoires s'arrêtèrent. Une immobilité pleine de terreur glaça nos physionomies, allongées en face l'une de l'autre comme celles de deux Debureau.

Nous étions collés ! Ou peu s'en fallait. Nous

nous demandions silencieusement du regard.

— M. Benon, notre père, a-t-il des enfants?

Long silence.

Enfin Baptiste revint du cellier.

L'expression de sa figure était encore plus narquoise.

— Mais c'est qu'il n'a que des filles, M. Benon, Je le connais comme ma poche. Ah ! petits drôles, vous savez bien mentir.

Déjà nous étions à ses genoux.

— Grâce, M. Baptiste ! Nous vous dirons tout. Nous ne sommes pas des voleurs. Vous nous reconduirez chez nos parents vous-même, si vous voulez. Ils vous paieront votre souper.

— C'est bon, c'est bon. Buvez toujours.

Au dernier verre, M. Baptiste savait toute notre histoire. Sa seule méchanceté fut d'en rire, car, après nous avoir couchés dans son propre lit — quand je dis : propre ! — qu'il borda lui-même, il nous ramena le lendemain matin chez mes parents, qui avaient encore plus mal dormi que nous, puisque le « père Petit » avait été voir chez eux si nous n'y étions point.

7.

Nous n'eûmes pas de mal à leur jurer que
nous ne ferions plus jamais de « filade ».

VENDREDI 1ᵉʳ SEPTEMBRE. — Sorti pour faire
visite à Mitchell que je n'ai pas trouvé ; il est
à la campagne pour une semaine ; il est venu
hier nous voir et nous a fait trembler sur la
solvabilité de Delafield. Celui-ci, paraît-il, n'a
plus guère que 6,000 à 7,000 l. sur lesquelles
il puisse emprunter. J'ai fait visite à Mᵐᵉ Le-
febvre, fille de Mᵐᵉ Branchu, et propriétaire du
journal français *l'Observateur*. Elle ressemble
beaucoup, dit-on, à sa mère, la fameuse tragé-
dienne lyrique, et je m'explique maintenant
pourquoi on disait celle-ci peu jolie. Pourtant,
il y a dans les yeux et dans l'esprit un feu du
diable. Elle m'a parlé de son bonheur en me
voyant jouer *les Huguenots*. Je lui ai, dit-elle,
rappelé Nourrit qu'elle idolâtrait ; on ne pourra
jamais me faire un plus splendide compliment.

SAMEDI 2 SEPTEMBRE. — Levés à 8 heures.
Partis à Willow-Bank. Delafield allait se rendre
à London. Nous le voyons ; il me donne ren-

dez-vous pour lundi à 1 heure, afin de terminer notre *petit* compte. Premier rayon d'espoir. Webster est encore couché. Je monte le voir ; il est midi et demi. Auprès de son lit est un déjeuner copieux : il me reçoit très gracieusement. Deuxième rayon d'espoir. Quand je pense que me voilà leur créancier ! Moi qui ai si longtemps été débiteur. Je les guette pour qu'ils ne m'échappent point par une porte dérobée. Je me fais l'effet de mes anciens tailleurs apportant une facture qui a huit ans de bouteille. Et pourquoi donc serais-je presque honteux du titre de créancier ? Allons, arrondissons-nous, gonflons-nous, gros Médor, gros Richard, gros Monte-Christo. Allons, bon ! je ne tiens pas encore mes 15,000 et je... Taisez-vous, Perrette !

Dimanche 3 Septembre. — C'est décidé. Nous allons nous mettre en route pour Birmingham. Ce sera la première étape du voyage que je vais faire avec Jenny Lind pendant un mois en Angleterre, en Écosse et en Irlande. Balfe est notre chef d'orchestre ; F. Lablache, notre basse ; Belletti, notre baryton. Quelques solistes français : Lavigne, hautbois ; Rémusat, flûte, etc... C'est un bonheur pour moi : je vais pouvoir étudier cette femme étrange que Paris n'a jamais possédée, mais dont la réputation, commencée d'abord en Allemagne, sous les auspices de Meyerbeer, a pris en Angleterre de telles proportions, qu'à son arrivée dans certaine ville on a fait sonner les cloches et vu les archevêques aller à sa rencontre et lui offrir l'hospitalité.

Son cœur est excellent, sa munificence est royale : elle fonde des hôpitaux et des conservatoires. Nous avons répété samedi dernier nos ensembles de la *Sonnambula,* de *Lucia, Puritani, la Figlia del Reggimento.* Je l'ai trouvée très minutieuse dans les détails, ce qui me fait plaisir. Il y 'a dans ses yeux bleus une flamme de génie ; talent à part, ce serait encore une femme remarquable.

Se sentant vraie, elle est pleine d'assurance, et fait de grandes choses, parce qu'elle ne se préoccupe pas de la critique. Mélange de réserve et d'abandon, de tristesse et de folie, elle me rappelle quelques Suédois que j'ai connus : ils ont dans la manière de se voiler le regard avec leurs longs cils blonds quelque chose de mystique et de recueilli, qui tient à leur nature ou à leur éducation ; habitude involontaire ou calcul. En la voyant, je comprends la Suède, pays de légendes et d'enthousiasme religieux, née au milieu des forêts et des lacs.

Ce qui fait la grande force de Lind, c'est qu'elle croit à elle-même ; elle s'estime et se conduit comme une sainte : on dirait qu'elle se croit envoyée de Dieu pour faire le bonheur du peuple par la religion de l'art. Aussi elle reste froide et sage dans la vie privée, ne laisse pas son cœur s'enflammer au contact de ces ardentes passions dont elle s'embrase au théâtre. Elle m'a dit qu'elle n'avait jamais pu comprendre la *chute* de Mlle R..., un talent si haut placé ! Se manquer ainsi à soi-même ! — Il y a dans nos théâtres, à Paris, des demoiselles qui ne poussent pas aussi loin cette horreur de la perdition.

Un pauvre diable de maître d'anglais me demande de le prendre comme domestique.

Mais il y a quelque chose de répugnant à faire cirer ses bottes et frotter son appartement par un homme qui a enseigné à expliquer des idées. Cette alliance de la domesticité et de la science est affreuse. Quand la tête travaille, les mains doivent se reposer. Aussi, il viendra à Paris. Je lui donne la nourriture, le coucher, mes vieux habits devant lesquels il ouvre des yeux pleins d'admiration. Il pourra trouver quelques leçons en ville ; il me parlera anglais le matin, fera quelques correspondances, etc.

Lundi 4. — Je me rends au théâtre à 2 heures pour régler avec Delafield. En l'attendant, je cause avec James, le danseur qui n'est pas payé. *To To To To To Toi,* comme disaient les Grecs. Dejean et Saint-Hilaire viennent demander à voir le théâtre. Ils attendent Bunns qui arrive. Je monte avec lui : il m'explique que ces messieurs sont très gênés, que Delafield ne sait comment avouer sa position, etc... Enfin Delafield ne vient pas ; je m'en retourne donc sans être payé...

MARDI 5 SEPTEMBRE. — Nous partons enfin. Nous sommes sur le tramway de Birmingham. Il fait un temps superbe, et l'on ne voit pas l'horizon, voilé par la fumée bleue qui s'échappe des hautes cheminées ; sous nos fenêtres s'étend une vue qui fait rêver de l'Égypte : la terre est rousse de la poussière des briques amoncelées en pans de murs ; des ponts de chemin de fer sont supportés par de grandes colonnes qui semblent soutenir des ruines de temples, une large flaque d'eau verte et stagnante. Mais vraiment le pays fume trop pour continuer à penser que nous sommes près du désert.

Nous voici donc à Birmingham, Queen's hôtel.

A une heure, répétition dans la salle de concert Tow-hall : c'est bien la plus prodigieuse salle que j'aie vue ; l'artiste est sur une immense estrade, il a derrière lui l'orchestre en gradins et dans le fond un orgue à tuyaux ornés d'arabesques d'or. A quinze pieds, en bas, le parterre, un vrai forum ; et devant, à la même hauteur que l'artiste, des stalles qui

s'élèvent à perte de vue. La salle vide a une
sonorité insupportable, l'écho fait avec le
chanteur un canon perpétuel; mais, le soir,
c'est très bien.

J'ai chanté la romance de *Don Sébastien*, le
premier duo de *Guillaume Tell* et l'adagio du
trio : beau succès ; mais tout le succès final est
pour Lind, qui enlève les spectateurs avec ses
mélodies suédoises ; c'est en effet bien remarquable ; elle a une puissance de voix dans le
haut tout à fait large et surprenante ; sans
crier, elle fait des échos presque simultanés
du fort au faible ; au foyer des artistes, sans
être rieuse et communicative, elle est bonne
et affable ; et puis elle semble infatigable, qualité précieuse pour un directeur.

Mercredi 6 Septembre. — J'arrive à Liverpool ; nous descendons à Adelphi hôtel, Rane-
lagh place, et là nous oublions dans un dîner
excellent l'horrible gargote du Queen's hôtel.
Après dîner, nous faisons un petit lansquenet,
et Lablache nous raconte l'histoire de cette
dame très sobre qui ne boit de l'eau-de-vie

que dans deux occasions seulement : le jour où elle mange du canard... et les jours où elle n'en mange pas !

Lind ne loge jamais au même hôtel que nous. C'est un peu impérial, mais cela vaut mieux : nous sommes moins gênés. Elle vit de sa vie concentrée, comme un vieux vin qui ne se montre qu'aux grands jours.

Samedi 9 Septembre, Manchester. — Nous arrivons à Albion hôtel, à côté de l'hôtel où Malibran est morte. Je ne déjeune pas pour répéter ; nous avons dîné de bonne heure : aussi j'étais en voix ; et pourtant à mon duo du premier acte, je veux attaquer le *si* bémol de la phrase en *sol* mineur et je pousse un horrible son, étranglé, tremblant ; je continue, et le duo file très bien. Qu'est-ce que c'est que cette note-là ? me demande ma femme dans un accès de désespoir épouvantable : c'est honteux, tu es perdu !

Moi qui me sentais en voix, je ne pouvais m'émouvoir pour si peu ; je savais que j'allais prendre une revanche : en effet, la *Malédiction* a été comme jamais ; j'ai tenu le *si* bémol avec une rage persistante qui a fait éclater une explosion de bravos ; la glace était rompue : nous sommes rappelés ; l'on trépigne ; je suis rappelé deux fois seul, et quatre fois avec Lind, au milieu d'une pluie de bouquets, que je ramasse avec une vivacité toute coquette, afin de faire dire : « Voilà un petit gros qui est bien alerte, ma foi ! » Enfin, je tâche de faire honneur à mon pays comme je peux : j'y pense partout, à mon pays ! Si je pouvais, pendant que la France ne produit plus que des communistes et des voraces, si je pouvais faire dire de moi : « C'est un Français ! il y a encore du bon dans ce pays-là ! »

. . . .

. J'ai enfin trouvé dans Lind un partner qui me comprend en scène : elle s'anime, ses mains serrent les miennes avec force, le tremblement de la passion dramatique la saisit tout entière ; elle s'identifie avec son rôle d'une manière admirable, et pourtant elle ne se laisse pas emporter au point de n'être plus maîtresse de sa voix. C'est là l'étude à laquelle je m'applique :

poser comme si un peintre était là pour prendre vos attitudes ; composer sa figure, son geste, suivant l'expression du moment, mais de souvenir et d'étude seulement ; rester calme et froid au dedans, tandis qu'au dehors on lance la flamme : c'est alors seulement qu'on est maître de sa voix et qu'on devient un grand artiste. J'ai fort à faire pour en arriver là.

Dimanche 10 Septembre. — Le dimanche est aussi ennuyeux à Manchester qu'à London. Il pleut toute la journée. Balfe nous a quittés pour aller à la campagne, *dit-il ?*

Lundi 11. — *La Sonnambula* a marché comme si je l'avais chantée vingt fois déjà, et c'était la première. Par bonheur, je sais mes rôles imperturbablement. L'air du troisième acte m'inquiétait, *l'Andante* surtout où il faut montrer tant d'âme et conserver tant de pureté ! En entrant en scène, j'ai pris la ferme résolution de me considérer comme étant dans ma chambre, à mon piano, et je suis parvenu à m'isoler presque complètement ; je ne craignais pas l'allegro ; aussi je l'ai enlevé ! La fin a été trépignée, acclamée, et je suis revenu après. Enfin, c'est encore une bonne soirée qui témoigne de ce que je peux tenter dans ce genre. Lind m'a fait beaucoup de compliments.

Mercredi, 13 Septembre. — Après dîner, nous avons été au théâtre ; nous avons entendu : *Poor soldier*, ancien opéra-comique anglais, quelque chose d'horrible ; on y voit un prêtre catholique qui boit et qui accorde sa nièce à celui qui lui donne un cochon de plus que son rival, qui n'en donne qu'un. Les airs sont impayables ; ils restent à la fin, la patte en l'air : c'est la plus complète barbarie musicale que je connaisse. Il y a là aussi le barbier français qui gesticule toujours avec une épée pour venger son honneur. Personne n'est plus disposé à rire que moi, même à nos dépens ; mais vrai, c'était trop bête.

Vendredi 15 Septembre. — Nous allons nous promener avec Balfe sur la jetée. Les musiciens de l'orchestre sont en mer sur un bateau à voiles. Il fait plus de soleil que je n'en ai vu en Angleterre en plusieurs mois : l'autre rive du Humber apparaît dans une vapeur blanche ; les bricks et les trois-mâts se baignent immobiles dans de grandes nappes d'argent. Journée heureuse : de l'air dans les poumons, des guinées dans la poche, un bon cigare à la bouche et des succès ! Constatons bien notre bonheur et jouissons-en : ça ne durera pas.

Nous partons à une heure de l'hôtel ; les garçons chargent nos malles sur deux voitures, en nous disant de ne pas nous inquiéter, qu'elles vont au chemin de fer d'York. Au railway, nous nous apercevons qu'il nous en manque deux ! Effroi ! On nous dit qu'elles sont parties pour la Nouvelle-Hollande ; ce mot m'effraye d'abord : s'il faut attendre l'aller et le retour des antipodes pour avoir nos effets ! Mais heureusement, New-Hollande est le Saint-Cloud de Hull : c'est de l'autre côté du Humber ; on en revient en un quart d'heure.

Nous arrivons à York. Aspect charmant et sévère à la fois ; vingt-quatre ou vingt-cinq églises ou saxonnes ou gothiques. On fait le

tour de la ville sur les murs, derrière les cré-
neaux; la rivière serpente toute noire au milieu des restes de tours grises et des fabriques.
Nous dînons fort bien. La maîtresse de l'hôtel,
haute en couleur, sentant le vin, a une fille
très bien habillée, mais bossue et louche. Quelque mauvais enchanteur, voulant emprisonner
la princesse de Cachemire dans une horrible
forme, n'aurait pu en trouver une plus satis-
faisante.

Nous allons avec Belleti et Lablache voir
l'intérieur de la cathédrale. Que dire? Il me
faudrait Hugo pour plonger dans ma pensée,
et en rapporter toutes sculptées en beaux vers
les mille idées confuses qu'ont fait naître
en moi, non seulement l'aspect de ces pierres
sculptées, mais l'entourage, l'ensemble étonnant sous lequel elles se présentent.

SAMEDI 16 SEPTEMBRE. — En attendant nos
malles, nous devisons; nous parlons musique,
bien entendu : l'un de nous prononce le nom
de Weber, qui avait tant d'aversion pour la
musique italienne.

Je me rappelle à ce propos que Holtei, le poète silésien, m'a raconté qu'en 182... il se trouvait un soir au Kärnthnerthor theater à Vienne. C. M. de Weber était dans sa loge : on donnait l'*Italiana in Algieri*. David et la Ungher chantaient les principaux rôles, c'est-à-dire que l'exécution était merveilleuse : à chaque témoignage d'admiration donné par le public, Weber avait des mouvements d'impatience ; après le premier acte, il sortit pour ne revenir que vers la fin de l'ouvrage. Holtei lui demanda s'il avait été souffrant ?

— Non.

— Pourquoi donc nous avez-vous quittés ?

— C'est que, voyez-vous, du moment que ces animaux de chanteurs italiens se mettent à exécuter cette mauvaise musique de manière à me faire plaisir, il n'y a plus moyen d'y tenir : il faut que je m'en aille !

York, Dimanche 17 Septembre 1848. — Ce matin, je me suis levé de bonne heure, malgré notre fatigue de la veille. Je n'y tenais plus ; ce que j'avais vu de la ville me donnait des impa-

tiences. Cette cathédrale me trottait dans la
tête. Je savais que les boutiques seraient fer-
mées : c'est dimanche; mais moi, quand je
visite une ville, c'est par les quartiers sales que
je commence : les ruines m'attirent, et je laisse
de côté ce qu'on appelle les beaux quartiers,
qui n'ont à me montrer à travers de grandes
bêtes de glaces, que des cravates, des gilets de
flanelle, de l'orfèvrerie et toutes sortes de ma-
chines en caoutchouc.

Ah ! que j'ai eu raison ! Quelle cathédrale !
On y arrive par des rues basses et étroites; les
maisons, sans doute bien bondées de bons
bourgeois et de bonnes choses, étalent au soleil un gros ventre qui surplombe la chaussée.
Derrière les fenêtres à vingt ou trente petits
carreaux en losanges, apparaissent les têtes
mal peignées des servantes rousses. Rappe-
lons-nous un porche admirablement fouillé;
à droite, la tour octogone, le préau, les ruines
avec leur coiffure de lierre et de jasmin, la
maison crénelée du vicaire. — Ah çà, qui
suis-je? Il n'y a plus de ténor ici : c'est le comte
Roger, ou le clerk Rogers allant demander la

croix sainte pour combattre aux côtés du « roy
Richard Cuer de Lion ».

Je suis rentré et j'ai trouvé le désespoir au
logis ; les malles ne sont pas encore revenues
de la Nouvelle-Hollande ! Pauvre Fanny ! A-
t-elle été dans une agitation !... Reproches
justes, mais sévères : je n'aurais pas dû aller
me promener ; il fallait aller au chemin de fer.
Je reste froid : je suis de ceux qui trouvent
qu'aucun désagrément dans ce monde n'a le
droit de vous empêcher de jouir d'un beau site,
d'une plaisanterie, d'un souvenir. Cependant
c'est demain le concert, et je n'aurai pas d'habit noir ! ! Que faire, dans un pays où les mendiants, qui n'ont pas de souliers, ont toujours
un habit noir ?

Je sais bien qu'à la rigueur je pourrais imiter certains touristes anglais qui ne se gênent
pas pour venir à l'Opéra de Paris en casquette
de voyage, avec un télescope en sautoir ; mais,
vrai ! ce n'est pas une tenue de concert, et ce
que ces messieurs se permettent chez nous, ils
ne me le pardonneraient point chez eux. Je
leur ferai un speech : *Ladies and gentlemen !*

a ridiculous misfortune prevented me from appearing before you in a suitable and convenient dress, etc... Comme c'est du très mauvais anglais, ça les fera rire : ils seront désarmés.

Mais, après cette hilarité, comment aborder sérieusement le trio de *Guillaume Tell?*

Ah ! mon Dieu ! que je voudrais voir arriver les malles !

Lundi 18 Septembre. — Elles sont arrivées ! Je m'étais couché hier, la mort dans l'âme ; le réveil est charmant : il fait du soleil, et les malles sont là. Nous avons été disposés à la gaieté, surtout à la vue de ces bonnes quakeresses qui passent sous nos fenêtres, avec leurs robes de soie puce ou noire, et leur petit chapeau si propre, mais si laid, qui leur donnent l'air de capucins baromètres. Voyons ! ces toilettes-là sont-elles la conséquence logique d'un véritable sentiment religieux? ou ne sont-elles qu'une des mille manières de satisfaire le besoin d'excentricité si puissant en ce pays? Je respecte toutes les convictions. Cette secte est

composée des personnes les plus estimables ;
mais pourquoi braver le ridicule? et est-il absolument besoin de faire rire les gens pour arriver à les édifier et à les convertir? — A propos
de ridicule, j'ai remarqué que, s'il y a des pays
où il tue, il en est d'autres où il fait vivre.

Le concert a été superbe ; la salle est fort
belle, et ma voix m'a satisfait. Quand il y a
concert le soir, nos journées sont peu acciden-
tées : aussi je n'ai rien à me dire ; j'ai écrit à
Meyerbeer.

MARDI 19 SEPTEMBRE, New-Castle. — Parti
de York à midi ; la route est quelquefois acci-
dentée, et elle devient très belle du côté de
New-Castle. Quelques lieues avant la ville, on
voit à droite un temple grec sur une colline
que le chemin de fer contourne. C'est d'un
effet charmant : il est tout isolé. J'ignore sa
raison d'être : il ne peut en avoir de meilleure
que celle d'être agréable à voir et de faire rêver
à la Grèce au milieu des brouillards.

L'arrivée à *New-Castle upon Tyne* est, non
pas féerique, mais diabolique. — Le chemin

de fer s'élance suspendu au-dessus des abîmes d'où s'échappent des tourbillons de fumée ; c'est à peine si l'on aperçoit, à travers, quelques pignons roux, qui finissent par se dessiner, quand l'œil y est fait, en mille formes bizarres. Au-dessus de nos têtes, les arches immenses d'un pont qui relie deux montagnes ; sous nos pieds, les bateaux pêcheurs avec leurs voiles blanches et leurs mâts jaunes.

Nous descendons à Royal-hôtel. Si les majestés en voyage descendent à cet hôtel, qui se dit royal, je plains leur grandeur, elle ferait mieux de les attacher au rivage opposé. Le propriétaire a fait avec Lumley la spéculation du concert : il est plus occupé à placer ses billets qu'à nous bien traiter. Sa femme, forte brune, est assez fraîche ; mais son poisson ! ! !

MERCREDI 20 SEPTEMBRE. — Promenade avant le dîner au bord de la Tyne et dans le vieux quartier. Nous sommes passés auprès d'une vingtaine de jolis enfants roses, yeux bleus, cheveux blonds, des cerises au lieu de lèvres, qui se roulent pieds nus, riant et grouillant dans la poussière de charbon. Pour un peintre, il y avait un tableau. — Le soir, nous avons donné *Sonnambula*. La salle, jolie, petite, était comble. Ma voix avait peu d'éclat : la nuit avait été mauvaise. Lind aussi était moins bien disposée. Mais les fleurs tombent à nos pieds plus dru que jamais. Depuis Londres, l'enthousiasme va en augmentant.

JEUDI 21 SEPTEMBRE, Edimburgh. — A neuf heures, nous nous mettons en route. A peine en wagon, nous installons, avec Lablache et Belletti, notre jeu ordinaire de *sette e mezzo*. La route file au bord de la mer, au-dessus des brisants ; toutes les fois qu'elle se laisse voir, nous interrompons notre jeu. Cette vue seule élargit la poitrine : on respire un air tout imprégné de senteurs salines, qui nous font rêver aux montagnes de crevettes, d'huîtres, de homards, dont nous allons, hardis mineurs, explorer les flancs dans deux heures d'ici. Ah ! Messeigneurs ! quelle sauce moutarde à l'horizon !

Nous sommes descendus déjeuner à Berwick,

ville écossaise : car on est en Écosse en traversant la Tweed. La vue est admirable ; encore un pont sur lequel passera le railway, et qui présente à l'œil un réseau de poutres noires, dont l'enchevêtrement se découpe sur le ciel clair et bleu.

Je suis le voyage, la carte à la main. C'est un grand plaisir : je sais où nous arrivons, je vois nos détours ; nous côtoyons toujours la mer, et l'œil découvre à chaque instant des espaces qu'on ne croirait pas pouvoir embrasser en consultant la distance sur la carte. Mais l'air est très pur, et je remarque que plus nous nous enfonçons dans le Nord, plus nous trouvons le ciel pur et la chaleur forte. Nous voilà au 21 septembre ; à cette époque, Paris est souvent frileux et maussade. On voit jusqu'à Nord Berwick, à cause du Green Cone, qui se dessine au loin. Nous traversons le *Firth of Forth*, et à trois heures un quart nous sommes à Édimbourg. Nous descendons à Waterloo-hôtel. Comment ! encore ce Waterloo ! Honte et malédiction ! Mais les chambres sont spacieuses, la soupe à la tortue y est respectable.

et le vin bon.. Allons ! allons ! j'avalerai ma honte.

Vendredi 22 Septembre. — Quelles jouissances de touriste je vais avoir ! Voilà ce que je me disais, le cœur débordant d'émotion, en partant après déjeuner pour Calton-Hill. C'est le Montmartre d'Édimbourg. Non !... la comparaison est absurde : Calton-Hill est une montagne de l'Attique, toute couronnée de monuments qui la font ressembler à l'Acropole. Hélas ! il fait du brouillard, du *mist*, comme on dit ici ; nous avons la tête dans le nuage. Je voudrais courir, dévorer les points de vue ; mais la déesse Raison est là : c'est Fanny qui me rappelle au sentiment de mes devoirs de chanteur. Il ne faut pas rester à l'humidité : ou il fait trop chaud, ou il fait trop froid ; et puis il faut mettre un autre paletot, et puis un mouchoir devant la bouche, et tourner le dos à une belle vue, parce que le vent vient de là. Oh ! rage ! Visiter l'Écosse et être ténor ! ça s'exclut.

Eh bien ! puisque je n'ai pas le droit de rester sur cette montagne, descendons. J'y reviendrai au premier soleil. Nous nous faisons conduire à Holy-Rood. J'ai tout vu ; mais à quoi bon décrirais-je pour moi seul ce que je peux retrouver au complet dans Walter Scott ? Il saura bien me reconstruire le moyen âge, l'histoire et le drame écossais. J'aurai, pour satisfaire mes ardeurs d'archéologue et de poète, autre chose qu'une vieille chambre ornée de meubles plus ou moins apocryphes : la botte de Bothwell, le lit de Marie Stuart, une boîte faite par elle, les taches du sang de Rizzio, que sais-je ? Quand j'aurai le temps, Scott me rebâtira le château et le peuplera d'âmes et de corps, l'emplira de passions et de larmes.

Et puis, je ne sais pourquoi, lorsque vous entrez dans les ruines dont l'histoire et la gravure vous ont décrit d'avance les beautés, vous éprouvez comme un vague désenchantement. Au moment où vous regardez la vignette, où vous lisez le roman, vous êtes le plus souvent dans un bon fauteuil, au coin du feu, ou dans un rayon de soleil. Votre imagination, comme l'eau sur la flamme, se volatilise dans le bien-

être ; elle se dégage en vapeurs que le vent de
la fantaisie pousse à tous les horizons.

Mais, quand vous entrez dans la ruine, la
chapelle de Marie Stuart par exemple, le froid
vous saisit ; l'humidité de deux siècles a moisi
les sépulcres : c'est poétique, mais malsain. Il
est dangereux de rester trop longtemps pensif,
les pieds dans la mousse, devant le grand ca-
veau des rois d'Écosse, dont les soldats de
Cromwell ont jeté les cendres au vent. — Tiens !
à propos, les profanateurs des tombeaux de
Saint-Denis n'étaient que des plagiaires : les
révolutions sont toutes condamnées à s'imiter ;
comme si tout ce que nous adorons, religion
ou liberté, croix ou drapeau, ne devait laisser
que des ruines ! comme si l'homme ne pouvait
aimer excessivement sans haïr à l'excès !

Nous n'avons pas perdu notre temps aujour-
d'hui. Après *Holy-Rood*, nous sommes allés à
pied jusque dans High street. On passe devant
ce qui reste de la prison de Cannon-Gate, la
maison de John Knox, la fenêtre où il prêchait.
Toute cette vieille ville est restée ce qu'elle
était, un fouillis inextricable de masures hau-

tes, grises, vermoulues, poilues et craquelées. Chaque fenêtre a son lambeau de linge qui sèche sur une perche. Les maisons, de loin, sembleraient crénelées, n'étaient les petits panaches de fumée bleue qui s'échappent de l'embrasure où vous supposiez un canon, et où la vieille Mary place sa marmite et son *join of beef*. Le peuple est sale et la rue pue; les femmes vont pieds nus, livrant au vent leurs boucles de cheveux pâles. Que je voudrais être peintre! C'est laid, mais quelle couleur!

Quand nous sommes passés, nous entendons derrière nous ce mot : « *French! French!* » Mes moustaches ont trahi ma nationalité. Il y a, dans leur manière de prononcer ce mot *French*, quelque chose qui pousse à la haine ; et pourtant nous avons été longtemps amis : France et Écosse.

La garde écossaise a eu durant de longues années le privilège de pendre aux arbres de Plessis-les-Tours les Français qui portaient ombrage à Louis XI. Ce sont de ces choses qui ne peuvent s'oublier. Pendre les gens devrait naturellement resserrer les liens. Mais je leur prête des connaissances historiques qu'ils n'ont pas, et les grands losanges de bataillons écossais restés à Waterloo ont effacé de leur esprit que nos Bourbons ont soutenu leurs Stuarts.

Nous sommes rentrés à l'hôtel. Il n'était que quatre heures, nous avons pris une voiture et sommes partis pour le *Great-Castle*, que nous visitons, moins la *Crown-Room*, qui est fermée passé trois heures. Le château est gardé comme en temps de guerre, toutes les embrasures ont leurs pièces et leurs boulets. Nous avons vu faire l'exercice — *Carry arms ! Stand at case !* — Sur la plate-forme est le canon monstre, *Mons Meg*, que l'on considère comme le palladium du château. Il faudrait avoir le temps de visiter tout cela en détail ; malheureusement, en qualité de ténor, je ne fais que des voyages de rossignol et je ne reste pas longtemps sur la même branche. Nous voyons encore l'extérieur de *Donad'sons hospital* et nous rentrons épuisés de fatigue et d'admiration.

SAMEDI 23 SEPTEMBRE 1848. — Nous avons inauguré notre séjour à Édimbourg par un concert à deux heures. De même qu'à Birmingham je suis arrivé en retard, non pour le public, mais pour l'impatience de Lumley qui était tout près de se fâcher, et il avait raison. Je ne sais pourquoi j'ai à me reprocher assez souvent de n'être pas exact, lorsque je ne déteste rien tant que l'inexactitude... chez les autres. Du reste, succès ; romance de la *Favorite* bissée, ou, comme on dit ici... *encorée* (*encored*).

Pris une voiture après le concert et fait le tour d'Arthur's seat. C'est un bonheur pour une ville d'avoir à ses portes un site pareil. D'un côté, la nature sauvage, la mer qui semblait aujourd'hui grise et huileuse, et d'un autre la civilisation avec le chemin de fer qui siffle et se déroule sous nos pieds comme un serpent de feu dans la vase ; cette vue me donne des regrets.

J'ai bien des fois déploré que l'industrie moderne, avant tout préoccupée de la stricte utilité, n'eût point d'imagination, de celle qui

donnerait au moins quelques satisfactions à
l'art et au plaisir des yeux. Quel dommage
qu'elle n'ait point conçu, dès l'origine, la loco-
motive dans la forme d'une bête gigantesque,
qui eût reçu de la puissance du feu les appa-
rences de la vie ! Elle a tout pour l'imiter : la
lumière, la couleur, le mouvement et le bruit.

Supposez à la place de cette machine noire,
sale et platement quadrangulaire, quelque
mastodonte, quelque formidable dragon, dont
la grande gueule ouverte en avant, ou la trompe
tendue vers le ciel, jetterait des nuages de vapeur et de fumée. La nuit, les yeux de ce Lé-
viathan brilleraient de lueurs étranges, qu'on
pourrait encore utiliser comme signaux ; les
roues dissimulées feraient mouvoir des pattes
puissantes qui, en arpentant largement le sol,
sembleraient entraîner dans une course effré-
née le char de l'Homme-Créateur. Il serait beau
à ce pygmée de reprendre à sa manière l'œuvre
de Prométhée et d'atteler à sa volonté souveraine les monstres auxquels Dieu n'a pas songé
et ceux qu'il a fait disparaître. Avec l'aide de
Cuvier, on les reproduirait.

Assez ! assez ! j'entends l'homme du chiffre, le Positif qui me crie : — Mais, monsieur, qu'est-ce que ça rapporterait à l'actionnaire, vos animaux ?

Rien, rien du tout, et ça m'est bien égal. Je ne suis pas actionnaire d'abord. Et quand ça ne lui rapporterait que le plaisir de mener le dimanche ses enfants voir passer les bêtes qui jettent du feu !

— Alors, ça ne serait qu'un joujou, une amusette ?

— Eh bien ! où est le mal ?

Que faire en ce bas monde, à moins qu'on ne s'amuse ?

Et puis, enfin, si vous y tenez absolument, cela créerait une industrie nouvelle.

— Laquelle ?

— Celle des fabricants de monstres. — Voilà pour l'utilité.

Dimanche 24. — Plus nous allons, plus les dimanches sont ennuyeux ; d'abord, il pleut : et il faut, dans ce pays de Covenantaires, s'abstenir de chanter, de jouer du piano. Le bon

Dieu, qui aime les hommes, n'aime pas le plaisir : c'est logique. Notre petite société se hasarde donc, avec toutes sortes de précautions, à jouer aux cartes pour sanctifier le jour du repos. Moi qui n'aime pas ça, j'ai écrit à Duponchel de qui j'ai reçu une lettre. Il paraît que l'affaire avec Meyerbeer est arrangée ; je retournerai à Paris du 8 au 10 novembre. C'est dans six jours, le 1er octobre, que devait commencer mon engagement avec l'Opéra ; et je lis dans un journal de Paris que Meyerbeer et la direction ont reculé d'un mois l'entrée en répétition du *Prophète*, pour donner à *Jeanne la Folle,* de Clapisson, le temps d'arriver. Ce n'est donc pas uniquement pour me faire plaisir, comme ils disaient, qu'on m'a permis de rester ici un mois de plus ; il est bon de s'entendre.

Je m'étais bien promis, en arrivant en Écosse, d'avoir quelques détails, exacts et inédits, sur la vie et la mort d'un de mes plus célèbres prédécesseurs dans l'art du chant, de David Rizzio, que la légende nous représente comme ayant été l'amant heureux de Marie Stuart. Il devait, à ce compte, être bel homme et ténor : ténor et bel homme, l'un ne va pas sans l'autre... à ce que disent mes collègues... mettons-leur cette fatuité sur le dos.

Eh bien ! il n'a rien été de tout cela. Les mémoires de James Melvil, qui parlait d'après ses souvenirs personnels, donnent les détails suivants sur la première introduction du chanteur auprès de la reine, à Holyrood :

« A cette époque arriva, dans la suite de l'ambassadeur de Savoie, un nommé David Rizzio, du pays de Piedmont, qui était un joyeux garçon et un bon musicien. Sa Majesté avait trois officiers de sa chambre qui, dans ses concerts, chantaient trois parties, et qui avaient besoin d'une *basse* pour chanter la quatrième ; ils parlèrent de David à la reine comme de quelqu'un de fort capable en ce genre.

Il fut ainsi admis à chanter avec eux, et quand le secrétaire français se retira, ce David le remplaça dans son office. Il arriva bientôt à la plus haute faveur, et n'eut pas la prudence d'en user modérément. Il devint surtout un objet d'envie et de haine lorsqu'on le vit présenter les actes publics et les placets à Sa Majesté. Quelques seigneurs avaient été heurtés et congédiés par lui, lorsqu'ils voulaient entrer dans la chambre royale, où on le trouvait toujours en conversation intime avec la reine. »

La ruine du favori était inévitable. Lord Melvil en prévint Sa Majesté.

« Je lui représentai, dit-il, quel danger il y avait à combler ainsi de faveurs ce Rizzio, un étranger, que ses sujets soupçonnaient d'être aux gages du pape; je lui dis que j'en avais parlé à Rizzio lui-même, en lui rappelant la terrible fin d'un gentilhomme français, nommé Chatellar ou Chatellier. »

Le samedi 9 mars 1566, vers huit heures du soir, Marie, que son état de grossesse obligeait depuis trois mois, comme reine, à garder l'appartement, était à souper avec la comtesse d'Argyle et trois personnes de la cour. Rizzio, dans la pièce à côté, s'occupait, dit-on, à goûter les plats avant qu'ils ne fussent présentés à la reine.

Singulier emploi pour un chanteur !

Un panneau de la boiserie s'ouvrit subitement et donna passage au roi Darnley suivi de Ruthven, armé de pied en cap, et dont la mine de spectre, les yeux brillants et la contenance terrible, disaient assez le sanglant dessein. Une bande d'assassins remplit aussitôt le passage. La reine et la comtesse, effrayées, se levèrent de leur siège.

— D'où vient, dit Sa Majesté, ce mépris de nos privilèges et cette intrusion à main armée dans notre retraite ?

Point de réponse, jusqu'à ce que Ruthven, montrant du doigt le secrétaire, dit :

— Notre seule affaire, madame, est d'éloigner cet indigne étranger de votre présence.

Rizzio, épouvanté, se jeta aux pieds de la reine, qui, en cherchant à le défendre, ne fit qu'accélérer la catastrophe. Les mains du suppliant, crispées aux plis de sa robe, en furent violemment arrachées. Une minute après, Rizzio était frappé de cinquante-six coups, nombre correspondant à celui des conjurés.

Que cela serve de leçon à ceux d'entre MM. les chanteurs qui seraient tentés de s'introduire trop avant dans la faveur des cours !...

J'avoue que je perds un peu de mes illusions au sujet de cet homme, et de mon secret désir d'en faire le héros d'un opéra. Son âge et son caractère ont été représentés sous les couleurs les plus diverses, mais il est constant qu'il n'avait pas une de ces figures « que les peintres aiment à représenter et les dames à regarder. »

Buchanan se sert pour le peindre d'une expression : « *Non faciem cultus honestabat, sed faciem cultus destruebat* », qui pourrait, en français moderne, se traduire ainsi : « La toilette ne lui allait pas. » Le livre de la mort de la reine d'Écosse (1587) le représente comme disgracié de corps. Caussin ajoute : Elle traitait ordinairement avec David Rizzio, son secrétaire, *homme âgé et prudent* qui possédait son oreille. Keith dit : Il était habile aux jeux de hasard, et toujours prêt à être le partner de la reine dans ces passe-temps innocents.

Que faire d'un pareil héros? Par quel moyen concentrer l'intérêt sur un homme qui n'est ni beau ni amoureux? Par le dévouement peut-être. Mais au dernier moment ce n'est pas lui qui se dévoue, c'est Marie; et lorsqu'au lieu de saisir une arme, il cherche à se faire un rempart de la robe d'une femme, je trouve qu'il meurt mal.

LUNDI 25 SEPTEMBRE. — Ce soir, notre début à Édimburgh : *Sonnambula*. J'ai été reçu très chaudement à mon entrée ; mais je m'aperçois bientôt que l'Écossais est froid au théâtre ; il laisse tomber la fin des morceaux, tout en accueillant d'un murmure flatteur un passage bien senti et bien rendu ; enfin, ça manque de claque. Nous avons compris cela, Lind et moi, et, sans pourtant nous être consultés, nous avons mis dans notre chant une énergie et une âme qui ont fini par rompre la glace. Lind a été écrasée de fleurs.

On lui a jeté une bague en cheveux mêlés de diamants et de turquoises. Fanny a eu presque une attaque de nerfs au finale du second acte ; notre jeu lui avait fait mal. Quel dommage que de telles soirées n'aient pas lieu devant mes vieux Parisiens !

En rentrant, je trouve une lettre d'une Écossaise enthousiasmée. A quel moment a-t-elle pu l'écrire ? Une autre me tend une feuille de papier blanc, me priant d'y mettre ma signature. Je la lui donne. Espérons qu'elle n'en fera pas un mauvais usage. Allons ! ça marche. Je me suis risqué ce soir à boire du wisky, le wisky de la couleur locale. C'est parfait avec de l'eau chaude... Ça sent la fumée.

JEUDI 28 SEPTEMBRE. — *Lucia*. Succès superbe. Nous sommes chaudement rappelés. Lind fait de grandes difficultés pour reparaître à la fin de la pièce. Généralement, elle et les organisateurs de la tournée n'aiment pas les ouvrages qu'elle ne finit pas avec un grand morceau et un grand effet, comme la *Sonnambula* et la *Figlia*. Je m'étais commandé un magnifique costume écossais chez Mortimer, sur le modèle de celui du lord Ward. Le costume est très exact au point de vue écossais, mais point du tout pour le personnage d'Edgard de Rawenswood, qui était un habitant des basses-terres, un Lowlander. Les montagnards, les higlanders portaient seuls le kelt et le dirk.

VENDREDI 29. — Concert à cinq heures et demie. C'est par complaisance pour M. Lumley que je consens à chanter. Mon traité avec lui porte que je ne dois paraître dans aucun concert dont Jenny Lind ne fait point partie, mais on m'avait assuré que Lumley mettrait dans sa poche après ce concert cent ou deux cents livres, et j'ai cédé. Il n'y avait peut-être pas une recette de vingt livres. J'étais furieux. J'avais mis sur le programme, avec mes morceaux ordinaires, la romance de Balfe, tirée de la *Bohemian Girl*. C'était la première fois que je chantais en anglais ; j'avais une peur affreuse, mais le public, qui avait sans doute conscience de mon embarras, et qui tenait à me remercier et à m'encourager, a été si chaud à mon entrée, agitant en l'air ses chapeaux et ses mouchoirs, que j'ai pris de l'assurance, et j'ai bien prononcé, sans me tromper. Pendant le trio de *Guillaume Tell*, deux dames pleuraient à chaudes larmes. Qui donc m'avait dit que le Nord était froid ? Des géographes ?

SAMEDI 30. — Vers la fin du déjeuner lord

K...och, qui prend des leçons de chant avec Frédéric Lablache, est venu me voir. C'est un mélomane enragé ; son goût touche à la folie Nous l'avons fait chanter. Il a des tics d'un comique irrésistible. Il commence un air, par exemple. Si la voix ne sort pas, il tire son pantalon à gauche et remonte sa bretelle d'un cran, et il recommence l'air.

Arrivé à l'endroit difficile, comme la voix ne sort pas davantage, il passe à la bretelle de droite. Peu de réussite, un léger couac. Alors c'est au tour des jarretières ; il les tire à droite, à gauche ; il remonte ses bas avec frénésie ; et tout cela le plus sérieusement du monde.

Quel puissant élément de comique, quel sérieux ! C'est bien là ce qui fait la supériorité des singes et des chiens savants sur nos bouffons, et ce qui assure à ces artistes *genials* une si belle place dans les arts. La nature a refusé le rire à leurs traits : ils sont comiques sans le savoir, et surtout sans chercher à le paraître.

Cet Anglais, enthousiasmé de l'air : *Non più andrai, farfallone amoroso*, avait supplié Lablache de le lui apprendre. Il ne lui fallait qu'un mois pour cela, disait-il, parce qu'il apprenait très facilement.

Lablache, qui n'avait ni le temps ni l'envie de donner des leçons, lui répondit pour le dégoûter que son prix était de cinq guinées, la leçon d'une heure.

— Ah! très bien, signor Lablache, très bien! le prix ne fait rien pour moi. Comme je veux aller très vite, je prendrai des leçons tous les jours, et j'en prendrai huit par jour.

Voyez-vous cela?... pendant un mois! Pauvre Lablache! Quelle belle occasion pour maigrir!

Nous partons à deux heures pour Glascow. Davison, le rédacteur du *Times* et du *Musical-World*, envoyé par ces deux journaux pour être l'historiographe de notre tournée, reste à Édimburgh; mais il promet de nous rejoindre : c'est un homme qui, sous un extérieur un peu froid, cache un cœur excellent et un charmant esprit. Nous sommes les meilleurs amis du monde, et ce ne sont certes pas nos opinions sur la musique qui nous rapprochent. Cela fait notre éloge. Il aime comme moi les anciens : le Bach, le

Hændel, le Glück ; malheureusement, il arrête la musique à Mendelssohn, qui est pour lui le *nec plus ultrà*, le dieu.

Il ne faut pas que je lui parle de notre école française, d'Hérold, d'Auber, de Meyerbeer, d'Halévy ; ces deux derniers ont le privilège de l'agacer, il les nie, il les trouve au-dessous de la critique. J'ai fait tous mes efforts pour lui inoculer mes admirations. Ah ! bien oui, cela engendrait entre nous des discussions qui tournaient à l'aigre. Comme je suis persuadé qu'en musique aussi bien qu'en politique, les raisonnements n'amènent aucune conversion, attendu que les opinions sont une affaire de tempérament, je m'abstiens de soulever ces questions, pour conserver la paix et ne point troubler de nos rugissements les échos d'alentour.

Le voyage s'est fait en deux heures ; il est peu intéressant, excepté à un endroit où l'on traverse des mines de fer, à ce que je crois. Je dis, *à ce que je crois*, parce que du train dont vont les express dans ce pays, ça serait des mines de papier mâché que ça vous ferait absolument le même effet.

Nous arrivons à quatre heures et descendons à Carrick's royal Hôtel, dans Georges-Square. Nous avons devant nos fenêtres la colonne élevée en l'honneur de Walter Scott.

DIMANCHE 1er OCTOBRE 1848. — C'est aujourd'hui que mon engagement avec l'Opéra devrait commencer, mais le jouunal de Paris, qui m'annonçait que Meyerbeer et l'Opéra avaient reculé d'un mois les répétitions du *Prophète* pour donner le temps à *Jeanne la Folle* d'arriver, avait parfaitement raison.

MARDI 3 OCTOBRE. — J'ai oublié de mentionner le cadeau que j'ai reçu hier, une magnifique écharpe écossaise, d'une dame Johnson, d'Édimburgh, que je ne connais pas, en reconnaissance du plaisir que je lui ai causé. Dans ces pays étrangers que, nous autres Français, sommes tout disposés à traiter de barbares, il est assez singulier de voir l'émotion, le plaisir causés par un bon livre ou un bon chanteur durer longtemps au delà de l'exécution ou de la lecture. Chez nous, autrefois, l'acteur Baron (à moins que ce ne soit Molé), tombé malade, et à qui l'on avait ordonné le vin de Bordeaux, recevait de donateurs inconnus cent pièces de vin en huit jours. Hélas! ces belles coutumes ont disparu en France. Elles subsistent encore ici, et il n'est pas rare de voir de vieilles dames, qui ont fréquenté le théâtre, faire taire la voix du sang, et, émues et reconnaissantes, laisser leur héritage... à leurs chats.

Davison nous a rejoints. Nous allons avec lui visiter Bothwell Castle, au bord de la Clyde. Le château n'est plus qu'une admirable ruine située sur le haut d'une colline que revêt un gazon, vraiment trop bien entretenu pour la vérité et le pittoresque. Cela fait l'effet d'un monsieur pommadé, tiré à quatre épingles qui aurait sur la tête un chapeau défoncé.

Les bâtiments, dans leur ensemble, comprennent un château et une forteresse, et ce qui reste encore de leur grandeur passée couvre un espace de près de deux cent trente pieds de long sur cent de large. Je n'ai jamais vu de murailles pareilles : quinze pieds d'épaisseur. Quel mortier employaient donc les gens de cette époque? Il n'y a plus trace du joint des pierres ; le temps, qui disjoint ordinairement, a fait un seul bloc de tout cela. Au risque de nous casser le cou, nous grimpons avec Rémusat sur le haut des tours couvertes de lierres, nous nous penchons au bord des puits dont le fond ne peut s'apercevoir. Quand nous sommes partis, Davison manquait: inquiétude générale. On l'appelle : personne ! Au bout d'une demi-heure, il nous revient. C'était une plaisanterie, amour-propre de voyageur, fier de dire à ses compagnons : Vous êtes de mauvais touristes; j'ai vu des choses que vous n'avez pas vues.

Au retour, dans une auberge, nous buvons du whisky pour arroser un pain de son et du fromage. Nous cherchons, sans en avoir grand besoin,

> L'hospitalité qui se donne
> Et ne se vend jamais,

celle qui se chante en *fa*, dans l'*Écosse* de Scribe. On n'en a pas entendu parler, le généreux Dikson n'a point fait école, ça manque de Sainte-Foy.

La maîtresse est une grosse mère qui a eu dix enfants, et qui assure qu'elle voudrait encore en avoir autant, tant elle a eu du plaisir à les faire et à les élever, et elle n'y serait pas arrivée si elle avait, comme Dikson, donné pour rien le fromage de l'hospitalité.

Samedi 7 Octobre.— Nous quittons l'Écosse. Nous faisons, en redescendant au midi, l'équivalent de la route que nous avons faite en montant de Hull à Édimburgh. Mais ici l'aspect est différent.

Le chemin est bordé de sauvages montagnes dont on a peine à voir la crête, tant leurs épaules sont chargées de nuages ; des rivières sans lit roulent à leurs pieds des ondes roussies par les terres ferrugineuses qu'elles arrosent. Nous traversons Lancaster, laissant à gauche son grand château, qui a vue sur un loch, en français un lac.

Arrivés à Liverpool à six heures et demie, nous nous embarquons immédiatement pour Dublin.

V

RETOUR VERS LONDRES

DIMANCHE 8 OCTOBRE. — Nous avons fait la traversée du canal Saint-Georges sur l'*Esmerald*. Tout le monde a été malade, excepté moi, j'en suis fier. Je ne peux me rassasier du spectacle de la mer. Je ressens je ne sais quel orgueil à me trouver sur quelques morceaux de bois assemblés par la main de l'homme, et à m'y livrer, la face au vent, confiant dans la force et le génie du marin, tandis que, plus bas, dans le sillon du vaisseau, se joue la vague, dont l'écume vient mourir en lueur bleuâtre.

Cette lumière de soufre, si c'était l'âme des pauvres gens que la mer a engloutis et qui se tordent après les navires pour y guetter quelque parent et en implorer un souvenir? Je me figure aussi que c'est ma volonté qui imprime au bateau son mouvement et sa course ; avec ce genre d'idées on peut braver le mal de mer, à moins que le mal de mer ne vous empêche de les avoir. Tant que nous avons été garantis par la côte que termine Holy Head, la mer a été charmante ; mais une fois dans le canal, la vague est devenue dure et j'ai été m'étendre dans ma cabine et dormir tant bien que mal. A sept heures du matin, le soleil brillait à l'arrière, au-dessus de l'eau verte dont l'agitation se calmait ; en face dans les nuages de l'horizon la silhouette des côtes d'Irlande ; nous entrons bientôt à Queen'stown qui est le port de Dublin, et à Dublin même, après dix minutes de chemin de fer.

La ville n'est pas triste le dimanche comme en Angleterre et en Écosse, on sent ici une population catholique.

MARDI 10 OCTOBRE. — Répété *I Puritani.* Promené dans une foule de rues curieuses ;

nous y avons vu une mendiante à la Callot :
chevelure mal cardée, qui n'avait littéralement
sur le corps qu'une couverture de laine. Vue de
dos, rien à dire ; mais vue de face!!! Oh! mon
Dieu !

J'avais aperçu dans Sackville street l'enseigne d'un coiffeur français, Boisserat. J'y entre
pour me faire couper les cheveux. Un garçon
irlandais se présente ; je demande à être opéré
par M. Boisserat lui-même. Le garçon me répond très sérieusement : « *He cannot, sir,
dead.*» Il ne peut pas, monsieur, il est mort !...
Je n'ai pas insisté.

Le soir : *Sonnambula* ; salle comble, Balfe
m'avait vanté la chaleur du public irlandais en
me prévenant d'une chose, c'est que le sifflet
est ici une marque d'approbation ; quand on est
fatigué d'applaudir, ou qu'on est trop serré pour
cela, on emploie pour marquer son contente-
ment tout ce qui est sonore, les chants, les cris,
les trépignements, les sifflements, etc. Avons-
nous été sifflés, mon Dieu !

MERCREDI 11. — Promenade en calèche dé-

couverte avec M. Balwin, membre du parlement. Le Phœnix Park est charmant, avec ses
grandes pelouses, ses bruyères et ses aubépines
en arbres. Derrière leurs troncs noueux se distingue parfois la ramure vénérable d'un cerf
blanc. Toute la route circule au milieu de troupeaux de daims, de chevreuils, mêlés aux bœufs
et aux graves corbeaux.

Passé la soirée chez Jenny Lind, avec Lumley, madame Groote, Lablache et Belletti. —
Hermann, Nadaud, Piatti et Lévy ont joué des
quatuors d'Haydn. Voilà comme il faut entendre cette musique : en petit comité, entre artistes. Hermann a trop de chaleur peut-être
pour les amateurs du vieux style ; moi, je trouve
qu'il joue à merveille. A la fin du souper, Lind
fait le tour de la table en nous versant le champagne. Nous buvons au plaisir de nous revoir
l'année prochaine à Dublin.

Lumley, qui n'aurait pas demandé mieux,
souriait. Lind, assez embarrassée, a répondu
quelque chose de très nuageux : « Oui, ici ou
au bout du monde. »

On est passé dans le salon, et Lind s'est mise

à danser avec un entrain merveilleux. J'ai dansé la première valse avec elle. On a dit et fait mille folies… puritaines ; nous avons improvisé la scène des deux danseurs qui viennent demander un engagement au directeur : chacun cherche à l'emporter sur son rival par l'originalité de sa danse. Le directeur qui, comme toujours, s'applique à les peu payer, cherche à rabaisser leur talent, et leur démontre en dansant qu'il est bien plus fort qu'eux. Lumley s'est bien acquitté de son rôle, il a dansé avec la grâce d'un ours qui n'est pas sans avoir reçu quelque éducation.

Jeudi 12 Octobre. — Retourné au Phœnix Park, où nous rencontrons Lind en amazone. Elle part avec son cavalier et nous faisons le tour avec Mme Groote.

Le soir, *les Puritains*. J'ai eu seulement une répétition hier, et ça marche supérieurement. Il n'y a que l'air final où j'ai raté le *mi* de tête, c'est-à-dire que je l'ai donné doux au lieu de le donner fort comme la tradition l'exige et comme je le donne sans peine chez moi ; mais à ce moment, en scène, l'émotion me gagne au point que je sens un poids sur mes notes, comme si la salle me tombait sur la poitrine. Fanny n'est pas contente.

DIMANCHE 15 OCTOBRE. — Lavigne, le hautbois, est venu déjeuner avec moi. Il m'a parlé de ce qui semble défectueux dans ma manière de chanter, au point de vue anglais. On se plaint que je soigne trop chaque phrase, que je donne trop de valeur aux choses de sentiment et de style, et pas assez aux feux d'artifices d'exécution. Ici, une note tenue à perdre haleine, un trille démesuré forcent l'applaudissement. Du moment que vous chantez à un public une langue qui n'est pas la sienne, l'interprétation fidèle de la parole est lettre à peu près close pour lui. Le son, la surprise, l'étonnement, voilà le véritable élément du succès. Ils payent mieux que personne, il faut faire à leur goût.

C'est très vrai, mais plus difficile qu'on ne pense ; se condamner à ne pas rendre chaque passage suivant sa valeur, pour faire briller la fin d'un morceau qui, souvent, n'est qu'une banalité! On essayera. Cher Paris! ce n'est pas chez toi qu'on me ferait une telle observation, et surtout que je m'y soumettrais.

SAMEDI **21** OCTOBRE. — Concert le soir au Rotondo, dont le nom indique assez la construction. J'étais bien en voix et pourtant je ne sais quel ennui de chant a fait que j'ai dit assez mollement la romance de Balfe. Nous y comptions beaucoup à Dublin, patrie du compositeur, mais il paraît, dit Balfe, qu'on a changé le public depuis qu'il l'a quitté.

DIMANCHE **22**. — Nous nous sommes imaginés avec Rémusat de faire les fameuses bulles de savon, gonflées de fumée de cigarettes que nous faisions avec Vivier à Londres. Que voulez-vous? Gaminerie, paresse et nostalgie. Nos bulles ont fait scandale dans la ville. Un dimanche! jour consacré au Seigneur! *for shame!* employer cet esprit et cette bouche, qui devraient murmurer des prières, à gonfler du savon! C'est ce que semblaient dire nos voisines d'en face, troupeau de jeunes et sveltes *girls*.

Eh, mon Dieu! mesdemoiselles, qui de vous, parmi les meilleures, et même le dimanche, n'a gonflé sa bulle d'amour, de jalousie, de désirs moins innocents, et ne l'a suivie dans le ciel de l'imagination, parée des couleurs les plus riantes et de caractères bizarres où le nom du Seigneur ne se lisait pas? Mieux vaut rire, le nez au vent, devant une bulle de savon irisée que penser à humilier une rivale, convoiter le mari d'une amie, et cela le nez dans la Bible.

Mardi 24 Octobre. — *Figlia del Reggimento.* C'est notre dernière soirée à Dublin. On a jeté à Lind une couronne énorme qu'elle a donnée à la femme de service qui balaye sa loge, et qui deviendra folle de joie et d'orgueil.

Mercredi 25. — Départ de l'hôtel à dix heures et embarqué sur le *Bradshe*, navire du gouvernement, et un des meilleurs marcheurs de la marine anglaise. Il fait un temps superbe; plusieurs milliers de personnes de la ville sont venues pour voir notre embarquement et saluer Jenny Lind une dernière fois. Aussi, quand le

Bradshe s'éloigne, trois hurras partent du rivage, les mouchoirs s'agitent aux cris de : Vive Jenny Lind! Hurra for her mother! hurra pour sa mère! Nous entendons nos noms mêlés à cette ovation ; on nous demande un prompt retour. Hélas! je crois bien que c'est un adieu.

Nous voilà partis. — Quoique la mer fût tranquille, chacun s'interrogeait pour savoir s'il serait indisposé. Chose qui semble impossible, Rémusat devenait plus pâle, Hermann faisait semblant de comprendre ce qu'il lisait, Balfe mangeait du biscuit et buvait à même la gourde de brandy pendue à son côté, Fanny riait aux éclats de n'importe quoi. Mauvais signe, il y avait de l'inquiétude dans l'air.

Deux ou trois passagers avaient déjà rendu des comptes et liquidé leur situation. Nous étions hors de la vue de toute terre, avec une petite houle qui se fait toujours sentir dans le détroit, même par le plus beau temps. Tout à coup Lumley se lève, rassemble ses musiciens et les prie de faire un peu de musique. Chacun court ou plutôt chancelle jusqu'à son instrument et Balfe leur fait attaquer.... quoi? La

Marseillaise! Voyez-vous cela? cette endiablée de *Marseillaise* qui se fait jouer sur un navire de la marine royale! Les fronts du capitaine et de l'équipage se couvraient de nuages.

Mais bientôt le *God save the Queen* et le *Rule Britannia* sont venus éclaircir les physionomies ; les chapeaux se sont levés avec respect devant les airs nationaux. La polka, la valse leur succèdent. Je prends Jenny Lind par la taille. D'autres nous imitent, et nous voilà, par un soleil magnifique, tourbillonnant dans ce bal improvisé, tandis que le bateau file comme une flèche et abandonne au sillage une longue traînée d'écume, de vapeur, de cris de joie et de fanfares.

Nous valserions encore, je crois ; malheureusement, notre orchestre, un à un, s'était égrené ; la musique avait cessé, et lorsque nous jetâmes un regard inquiet autour de nous pour nous rendre compte de ce silence, nous aperçûmes tous nos musiciens, la poitrine appuyée aux bastingages, les bras convulsivement tendus vers l'Océan, dans la position navrante de Polichinelle assommé par le commissaire.......

Nous descendons à Holy Head, au Royal Hôtel, la meilleure des gargotes de l'endroit. Relletti est allé dîner avec Jenny Lind et Mme Groote. Nous dînons avec Balfe et Lablache, qui repartent immédiatement après. Quel courage! je les admire! Quant à nous, qui sentons encore dans tous nos membres l'incessante trépidation de la machine à vapeur, nous avons assez de coups de pistons et de tampons comme cela ; nous aspirons à une position horizontale stable, et je suis bien sûr que dans une demi-heure nous n'aurons plus rien à faire avec le monde extérieur.

Jeudi 26. — Levé à sept heures, pris une tasse de lait. Le railway nous mène à Leanfair (ne pas faire attention à la prononciation française de ce mot ; il n'y a nul danger : le salut est dans l'orthographe). On quitte le chemin de fer pour prendre la voiture.

A Bangor, on traverse un pont suspendu d'une hauteur prodigieuse, jeté sur la séparation de l'île d'Anglesey et du continent. — Je dis continent pour faire honneur à l'Angleterre.

Il se construit en ce moment un pont tubulaire dans le genre de celui que nous avons rencontré à Convary. Je ne pense pas sans effroi à la facilité avec laquelle notre pauvre chair humaine, en s'engouffrant dans ces immenses boudins de fer, pourrait être réduite par suite du moindre déraillement, à l'état de chair à saucisse. C'est humiliant. On se sent littéralement avalé.

En vérité, l'homme fait aujourd'hui ses œuvres si grandes qu'il finira par n'être plus en proportion avec elles : plus elles croissent, plus il diminue ; je n'en parle qu'au point de vue de l'optique. Dieu l'avait fait homme, ce qui n'est pas beaucoup ; il se fait ciron. Le ciron à son tour crée des colosses, et ces colosses... l'écrasent.

Nous avons fait jusqu'à Chester un des plus beaux voyages, entre les montagnes et le bord de la mer, dont les vagues venaient se dérouler et mourir en écume sur les roues de nos wagons.

Les montagnes, à notre droite, nous offraient de grandes tables de marbre, des couches d'ardoises et de charbon de terre couronnées de ruines grises, à l'herbe desquelles s'accrochaient des troupeaux de moutons à têtes noires.

Je suis bien aise de voir ce pays se réhabiliter dans mon estime par son paysage. Pour le premier venu, qu'est-ce que veut dire Chester? Chester n'amène pas d'autre idée que celle de fromage, et subitement voilà tout un pays emprosaïsé. Mais quand j'aurai le temps, je m'amuserai à faire une variation sur ce thème : « Comme quoi le fromage touche à la poésie. »

Oh! oui, c'est écœurant, cette idée-là ; mais pour la comprendre il suffit que votre imagination remonte de l'effet à la cause par une sorte d'échelle de Jacob qui relie la terre au ciel. Pour faire le fromage il faut du lait ; le lait vous fait songer à la brebis, à la vache ; vous les voyez s'enfoncer dans les prairies grasses, si chères aux peintres, aux poètes ; leurs troupeaux remontent en été sur leurs montagnes, et pour peu qu'il vous plaise d'être le berger idéal de ces producteurs de poésie sans le savoir, vous voilà sur les hautes cimes ; vous avez l'homme sous vos pieds, vous n'avez plus que Dieu sur votre tête.

Nous voici pour la seconde fois à Birmingham. Nous sommes allés au théâtre ; on donnait le *Secret de la femme (the Wife's Secret)*, joué par M. et Mme Kean. Ils ont de grandes qualités, de la poésie et de l'exaltation ; j'ai été les complimenter après le spectacle.

VENDREDI 27 OCTOBRE. — Je me lève avec un rhume, j'ai grand peur pour le concert de ce soir. — Résultat meilleur que je ne l'espérais. Duo de l'*Elisire d'amore* avec Lind, *Quel plaisir d'être soldat!* et la romance de Balfe, bissée. J'ai donc chanté en trois langues.

SAMEDI 28. — Arrivée à Londres. Il y a beaucoup de gardes nationaux à Londres. Il n'est pas beau, leur uniforme, et sa vue m'a fait battre le cœur : c'est une manifestation de la patrie, cela suffit.

LUNDI 30. — Brighton Concert dans le jour. La salle est toute pleine de femmes. A peine trois habits noirs ; aussi nos morceaux s'achè-

vent presque sans applaudissements ; l'enthousiasme a les mains trop petites, il est trop bien
ganté ; nous n'aimons pas ces succès en peau
de chevreau.

Après l'ouverture de la *Gazza ladra*, à grand
orchestre, silence complet. Nous sommes consternés. Balfe entr'ouvre la porte de notre foyer,
allonge mystérieusement la tête, et, avec cette
prononciation grimacière qu'ont les bouffes
italiens, nous dit : *Fanciulli, che furore che
abbiame fatto!* Cela nous a un peu déridés.
L'air de la *Dame blanche*, la Romance anglaise,
et Jenny Lind surtout, avec l'air de la *Norma*,
ont fini par enlever ces dames.

MERCREDI 1ᵉʳ NOVEMBRE. — Le soir, *Sonnambula*. La salle n'est pas pleine, quoique ce
soit la plus petite de celles que nous ayons eues
pendant la tournée. Lind est d'une humeur
affreuse ; le public est froid ; pourtant l'opéra
marchait mieux que jamais : j'avais un peu de
mon rhume de Birmingham, j'ai manqué mon
ré bémol de *Falcetto*, dans l'air final : *Ah!
perchè non posso odiarti!*

Ah! comme Rubini enlevait cela!...

Vendredi 3.—*La Figlia del Reggimento.*—Plus de monde et de chaleur qu'à la *Somnambule*. Au dernier acte, pendant la ritournelle du rondo final, Lind me dit tout bas : « Ecoutez bien ceci, Roger, ce sont les dernières notes que vous entendrez de moi au théâtre. »—Je reste stupéfait.

Est-il vrai? Sa carrière est finie! A l'apogée de ses succès, elle renonce au théâtre ! — Je n'ai pas le temps de lui demander une explication, — elle chante, — le public enivré l'applaudit, il ne sait pas qu'il la perd;—et puis, c'est à moi de chanter, et il faut que j'aie l'air heureux, puisque je l'épouse... mais, vrai, j'avais le cœur navré.

Samedi 4. — Dîner chez Lumley, à Bedfort-hôtel. On porte des toasts à Jenny Lind et à mon retour. — Toast en accord, c'est-à-dire que chacun, suivant son aptitude, sur un ton donné et le mot hurrah! place sa note, à la cave, au rez-de-chaussée, au premier ou au

grenier, dans une savante improvisation har-
monique.

L'orchestre arrive, nous sommes au complet,
on danse furieusement jusqu'au souper. Au
milieu de l'attendrissement causé par les toasts,
cette chère Jenny détache de son doigt une
bague, un diamant de la plus belle eau, et me
dit avec solennité : « Je désire, Roger, que
chaque étincelle lancée par ce brillant vous
rappelle un de mes vœux pour votre bonheur. »
Il y a dans cette phrase toute la femme, et un
coin de la Suède.

Dimanche 5. — La tournée est finie. Je monte
à cheval avec Lind et Mme Lablache. Cette
nuit, nous ne nous étions séparés qu'à trois
heures, et nous voilà, à dix heures du matin,
galopant en pleine campagne par un vent frais
et un beau soleil. J'étais triste cependant; l'i-
dée de terminer cette journée si heureuse me
gâtait mon plaisir. Quelle fière mine elle a, à
cheval, cette femme, avec ses cheveux blonds
au vent et ses grands yeux bleus! Elle a en
moi un rude champion! Pourquoi donc quitte-

t-elle le théâtre? Est-elle fatiguée de faire du bien? Tant qu'elle a été artiste, elle a mené la vie d'une sainte. On parle d'un évêque qui lui a mis en tête quelques scrupules. Que Dieu le juge !

Je sais qu'on se demande à Paris : « Pourquoi ne vient-elle pas chez nous faire consacrer sa réputation? » Elle a peur, sans doute, des comparaisons et des souvenirs.

Eh bien, non ! elle n'a rien à redouter. Elle a dans le cœur, sans doute, un peu de ressentiment de l'indifférence, pour ne pas dire plus, avec laquelle le dernier directeur de l'Opéra a accueilli son désir de s'y faire entendre, lorsque son talent sortait tout jeune encore des mains de Manuel Garcia. Mais, depuis, Meyerbeer a écrit pour elle; l'Allemagne, la Suède, l'Angleterre, ont mis le sceau à sa réputation. Nous n'y pouvons rien ajouter, nous ne pourrions que la compromettre.

Il y a pour l'artiste deux façons de faire constater sa valeur : par les hommages qu'il reçoit, par les sommes qu'il exige. Laissons de côté la question d'argent; pour ses artistes la France est pauvre. Lorsqu'elle les paye autant que ses maréchaux, elle crie au scandale... Question réservée.

Quant aux hommages, que lui donnerions-nous ? Partout, à l'étranger, si elle arrive, une partie de la ville va au-devant d'elle; quand elle sort du théâtre, cinq à six cents personnes l'attendent avec des flambeaux; on se dispute les feuilles de laurier de ses couronnes, on la reconduit chez elle, et des sérénades s'organisent sous ses fenêtres.

A Paris, une fois le rideau tombé, l'émotion cesse, l'artiste n'existe plus. Chacun cherche une pièce de dix sous pour son paletot ou son petit banc. Il faut ensuite trouver un fiacre, grosse affaire! On va prendre une glace, fumer un cigare, coucher les enfants. Les sérénades? On n'a jamais vu cela que dans le *Barbier de Séville*. Pourquoi se singulariser? C'est mauvais genre. Quant à reconduire l'artiste, on sait bien que la Malibran trouvera son chemin toute seule.

Lundi 6. — Je fais demander une loge pour

Haydée à Covent-Garden. Lind accourt nous y voir. Bonne et affectueuse, elle vient seule pour nous dire adieu. Je la reconduis dans sa loge, et nous nous trouvons face à face avec Delafield qui se sauve à l'orchestre.

Quand Jenny, à qui je fais enfin le dernier adieu, est partie, je dis à Mme Lablache, en lui montrant Delafield : « Vous allez voir la comédie.» Puis je descends à l'orchestre, et, d'un pas lent, je vais m'asseoir à côté de lui. Il se retourne. Tableau! Tête de Méduse! Enfin il me tend la main, la conversation s'engage, et il me donne rendez-vous pour demain à 3 heures.

MARDI 7. — Il ne vient pas au rendez-vous. Naturellement !

V

PARIS

Jᴇᴜᴅɪ 9. — Je quitte l'Angleterre après quatre mois et demi de séjour ; nous passons par Folkestone, Boulogne, et nous sommes à Paris à onze heures. Fanny est folle de joie ; moi, je suis d'une gaieté... relative. Pourquoi ? Je n'en sais rien... Je regrette peut-être cette vie agitée, ces grandes salles, ce public renouvelé chaque jour, ces luttes du chanteur avec des partitions nouvelles ; l'admiration sans bornes que je ressentais pour cette femme fantasque, mélange de bonté et de sécheresse, d'égoïsme et de charité, que l'on peut ne pas aimer, mais qu'il est impossible d'oublier.

Et puis, j'ai si souvent dans ce voyage

évoqué le souvenir de mon chez-moi, du *home!*
Il me semble ne l'avoir quitté qu'il y a huit
jours; en marchant dans Paris, j'ai quelque
peine à me contenter de ce que j'admirais, à
me replonger dans ma nationalité, qui me déplaît presque, à moi si bon Parisien. Je trouve
que les manières sont devenues communes
et que les hommes sont devenus sales; il y a
du trouble dans les esprits et de la révolution
dans l'air.

Vendredi 10. — Je suis allé voir Duponchel,
mon directeur. De ce ton léger et badin avec
lequel le renard s'exprime sur le compte des
raisins qu'il ne peut avoir, il s'est mis à me
dire toute sorte de mal de Jenny Lind. Ah!
dame, je vous l'ai relevé!

Je suis passé chez Meyerbeer, qui m'a reçu
à bras ouverts. Sa conversation est charmante;
il a une manière toute à lui de dire avec dou-
ceur, l'œil tendre et les lèvres en avant comme
pour un baiser, les choses les plus mordantes.

Il s'excuse presque de m'avoir fourni l'occasion de quitter l'Opéra-Comique, ce théâtre

qui m'a donné dix ans de succès; mais il a confiance :

« Voilà deux ans qu'il m'étudie ; les *Mous-*
« *quetaires* et *Haydée* sont de véritables grands
« opéras; il est allé à Rouen, à Lyon, m'en-
« tendre dans la *Juive*, les *Huguenots*... il est
« fixé ; laissons dire nos ennemis, continue-
« t-il, et faisons de notre mieux. »

J'ai été fort surpris ; j'ignorais avoir à mes trousses une police si active et si illustre.

Lundi 13. — Le cœur me battait bien fort, ce matin. J'avais rendez-vous avec Meyerbeer, qui devait me faire entendre le deuxième acte du *Prophète*. Voilà près de deux ans qu'on parle de cet ouvrage. C'était tantôt Duprez, tantôt Mario, et quelques autres encore, qui devaient créer le rôle du ténor. La presse bien informée en découvrait un chaque jour dans les ateliers ou les brasseries ; maintenant, il n'y a plus à en douter, c'est moi ; j'arrive bon premier.

Quelles trouvailles mélodiques, quelles richesses harmoniques nouvelles vais-je entendre? L'instant était solennel ; le jour était trop vif, le domestique a dû tirer les rideaux. Nous étions seuls ; le maëstro s'est assis devant un piano carré, d'assez pauvre apparence; le clavier était couvert d'une planche en sapin, tâchée d'encre, sous laquelle ses doigts savaient retrouver les touches sans qu'il lui fût possible de les voir. Il a déposé ses feuillets lentement, un à un, sur le pupitre. Moi, je bouillais.

Enfin il a commencé. Qui sait? il avait peut-être autant d'émotion que moi. Il débutait devant son premier ténor. Avec un souffle de voix un peu tremblant, il m'a fait entendre un récit, un songe admirable, une romance difficile en diable, mais empreinte d'un sentiment exquis, mélange d'amour et de rusticité ; d'autres grands récits et un immense quatuor qui donnent à cet acte seul l'importance et la fatigue d'un opéra entier.

C'est neuf, c'est grand, c'est ce que j'attendais. La tâche sera rude, si les trois derniers actes ressemblent à celui-ci. Mais le sort en est jeté. Quand une cathédrale est achevée, il faut bien qu'un ouvrier hardi aille planter sur le faîte le coq doré de Saint-Pierre; il monte et chacun lui prédit malheur; il va se briser les os, risquer sa vie!... Moi de même, qu'importe! mon devoir est tracé, et mon admiration me soutiendra; on en glosera, on me plaindra. Je me casserai ce que le bon Dieu voudra... mais je planterai le coq.

Mardi 14. — Vu la seconde représentation du *Val d'Andorre*; la première a eu lieu samedi dernier. J'ai renoncé à y assister, le directeur de l'Opéra-Comique m'ayant assuré que cela le contrarierait beaucoup qu'on m'aperçût dans la salle; la presse et le public pourraient lui faire un reproche de n'avoir pas su me retenir à ce théâtre.

Ce reproche serait injuste : c'est bien moi qui ai voulu partir. M. Perrin a fait, au mois de mai, tout ce qu'il a pu pour me séduire. Mais on ne trouve pas deux *Prophètes* à créer dans sa vie.

C'est ravissant, ce « Val d'Andorre. » J'en suis enchanté pour Halévy et Saint-Georges, à qui j'ai dû le succès des *Mousquetaires*. Depuis Planard, il n'y a que Saint-Georges pour trouver et savoir traiter ces sujets qui doivent leur intérêt plutôt aux douces surprises du cœur ému qu'à celles plus ou moins ingénieuses de l'esprit. Pourtant je ne regrette pas énormément la création du beau Stéphane. La pièce m'a été lue, et, par suite de mon engagement à l'Opéra, le rôle est échu à Audran qui y est très bien ; mais, en vérité, il est trop aimé, cet homme-là.

Ils me déplaisent, au théâtre, ces bellâtres que les femmes se disputent. Entre plusieurs amoureuses, le joli monsieur a toujours l'air de jouer aux quatre coins et de rester dans le milieu.

MERCREDI 15. — Vu le *Domino Noir* par Mme Ugalde. Voilà une jeune femme qui ira très loin ; elle est née comédienne et cantatrice. Un timbre de voix ravissant. Le haut de la figure rappelle celui de Mme Damoreau. C'est un sujet de surprise et de satisfaction de voir une fille assez heureusement douée pour arriver presque en deux ou trois ans d'études à la sûreté d'exécution qui a demandé tant d'années de travail à Mme Damoreau; mais c'est aussi une des grâces de la nature de remplacer les hommes par d'autres qui les valent ou qui valent mieux, et chaque génération a ses talents et ses plaisirs au moment où l'on désespère de les voir renaître.

Ainsi donc j'assiste en spectateur au *Domino Noir*, dix ans après l'avoir chanté pour la première fois à ce théâtre; je suis là comme un vieux, jugeant la force des jeunes, et jetant un regard de regret sur ces dix dernières années qui ont eu leurs joies et leur gloire, années où j'étais ardent, surtout à désirer.

J'ai souhaité la réputation, j'ai aujourd'hui l'objet de mes désirs, et il me semble moins digne d'envie; ma position me gêne, la responsabilité me fatigue. Quelle folie! N'avoir guère plus de trente ans, et me croire vieux! Voyons, est-ce que je vais me jouer à moi-même la comédie de l'homme blasé? Mais non, puisque je sens bien que renoncer à tout ce que je suppose m'être à charge serait presque mourir. Le fond de tout cela, c'est qu'il est triste d'avoir un passé.

La plume est bonne, laissons aller les souvenirs.

Je l'ai pris, ce rôle d'Horace de Massaréna à la 73e représentation, et je l'ai chanté plus de cent fois avec Mme Damoreau. Couderc, le créateur, quittait l'Opéra-Comique, je ne sais plus pour quelle mauvaise raison ; mais si ce fut pour le public un malheur, ce fut pour moi une circonstance favorable. Etait-il assez charmant! Quelle verve dans le jeu, quel esprit dans le mot! Glaner après lui était difficile : il ne laissait pas grand'chose dans le sillon. J'ai fait de mon mieux : mais, ce dont je suis surtout fier, c'est d'avoir eu, comme lui, la conscience. Combien j'étais heureux de croire que tout cela était arrivé! Que de vraies larmes j'ai versées dans cette scène du couvent!

Filles du ciel ! priez pour un pauvre insensé !

Ah! j'étais bien sûr de toucher le public, j'y allais de trop bon cœur !

Maintenant, il y en a d'autres que moi dont

la mission sur la terre sera d'aimer Inésille.—
N'y pensons plus, ça me fait de la peine.

DIMANCHE 19 NOVEMBRE. — Répété chez
Meyerbeer à deux heures. Il est très content de
moi. Fait visite à Mme d'Audeville. Il y avait
chez elle M. et Mme Pastret, ses amis de
Londres; puis, est venu M. Blanche fils que
nous avons aussi vu à Londres. Tous ces exilés
des mêmes salons se retrouvent à Paris, dans
leur pays, et à la veille, à ce que dit chacun,
d'une nouvelle révolution! Les candidatures
Cavaignac et Bonaparte sont sur le tapis :
triste sujet de conversation.

LUNDI 20. — Il est venu une jeune fille, presque borgne, me demander de lui dire franche-
ment si sa voix lui permettrait d'aborder le
théâtre. Fanny lui a répondu, avec ménagements, que son œil s'y opposerait.

Été à l'Ambigu voir les *Sept Péchés Capitaux*. Cette troupe de l'Ambigu était, il y a six
ans, la plus mauvaise de Paris. Grâce à Béraud, elle est aujourd'hui une de nos meilleures

troupes. Montdidier a un ton excellent, une diction simple et claire, Mme Guyon de la sympathie et de la chaleur, Laurent et Ménier du comique.

MERCREDI 22. — Été à l'Opéra. On joue *Jeanne la Folle.* Nous sommes au balcon.

Pendant que je sors dans l'entr'acte, Meyerbeer vient se placer auprès de Fanny : cela fait révolution dans la salle.

Arnal était à ma gauche et Castellan dans la loge du couloir. Lefort débute ; il est joli garçon ; il a une bonne voix, un peu faible ; il a quelque succès et fait deux couacs.

MERCREDI 29. — J'ai cru qu'il y aurait répétition ; je suis allé chez Meyerbeer ; je m'étais trompé. Il a été malade ; on lui a ordonné... il boit... du fiel de bœuf!!! Pauvre homme ! avoir vidé toutes les coupes de la félicité humaine et en arriver au fiel ! mais il a confiance en son remède, et il s'invite à dîner chez moi dans une quinzaine de jours ; il veut absolument que je lui fasse manger la fameuse salade

de Boursault, que nous avons mangée ensemble chez la belle-mère de Kastner et que j'ai
débaptisée pour lui donner le nom de « salade
Meyerbeer. » Afin de compléter ses jouissances,
je lui ai promis de déterrer pour lui, derrière
les fagots, une bonne vieille bouteille de fiel
de bœuf, premier cru, année de la comète.

Lundi 4 Décembre. — Revu *Othello* à l'Opéra,
par Mme Delagrange et Duprez. Aujourd'hui,
dans le duo avec Iago, Duprez nous a tous
électrisés. Quel courage ! Quelle grande âme !
Quel vieux lion rageur ! Comme il vous jette
bien ses entrailles à la face du public ! Car ce
ne sont plus des notes qu'on entend ; c'est
comme l'explosion d'une poitrine broyée sous
le pied d'un éléphant ; c'est son sang, sa vie
qu'il pousse hors de son corps pour arracher
au public un de ces bravos que les Romains
accordaient au belluaire mourant.

Cela me fait l'effet d'un tableau de torture
espagnole, effrayant et sublime... Je dis bien...
sublime, car malgré les inégalités d'une voix
rongée par la passion plus encore que par le

temps, le style, la grande école ne disparaissent point, et il trouve dans ses défaillances mêmes le moyen de rester pur. Quand cet homme aura disparu, je doute que le monde soit appelé à en entendre un pareil.

Ils m'ont bien amusé, ce soir, MM. les juges du foyer, les petits professeurs de n'importe quoi, qui font la roue dans les couloirs, et jugent de l'art et de l'incendie avec un cœur en amiante. Ils trouvent que Duprez ralentit trop, qu'il respire partout... qu'il ouvre trop la bouche... que sais-je ? Qu'est-ce que ça me fait, à moi ? Dans ce large moule du rythme, il sait mettre du bronze, et s'il ouvre la bouche trop grande, au moins on lui voit le cœur.

SAMEDI 23. — J'ai donné ce soir un beau dîner pour le rétablissement de la santé de Meyerbeer. Je l'ai eu pour convive, avec Berlioz, Halévy et Adam. La littérature était représentée par Alexandre Dumas, Méry, Fiorentino, Antony Béraud, et Anicet Bourgeois. J'ai remarqué combien il est maladroit d'avoir le même jour à sa table des hommes d'esprit de cette force. Chacun d'eux, dans un louable et rare esprit de modestie, laisse à son collègue le soin de tirer le feu d'artifice ; on s'observe, on se tait, on se rabat sur la nourriture.

La première partie du festin a été triste. Heureusement que la table était longue et que je les avais largement espacés, de sorte que, lorsque mes causeurs se sont décidés à parler tous à la fois, il y en a eu pour tout le monde. Je ne suis pas un fort causeur, surtout dans les grandes réunions, mais je sais faire causer. Chaque homme d'esprit a un ou plusieurs dadas qu'il aime à enfourcher ; il s'agit de les connaître et de les leur présenter. Il faut amener tout doucement à Dumas, Shakespeare, M. de Kératry, l'Académie et la Révolution de 1830.

A Méry, l'Angleterre, Horace, Virgile, les Indes et les tigres.

A Fiorentino, les actrices et les directeurs de Paris.

Berlioz donne à Dumas la réplique sur Shakespeare, parle *De omni re scibili, et quibus-*

dam aliis, et fait éclater les calembours les plus insensés. Ceux-ci sont les orateurs à voix haute, et qui finissent par être étincelants dans la conversation générale.

Les autres, Halévy, Adam, Anicet Bourgeois, ont l'esprit doux et confidentiel, ils parlent pour leurs voisins, et les voisins ne sont pas à plaindre.

Béraud a toutes sortes d'histoires amusantes ; seulement il les dit dans son assiette, il se rattrape après dîner avec ses admirables dessins à la plume.

Nous avions réussi supérieurement la salade Meyerbeer. J'ai promis la recette à son parrain ; il l'aura demain. Dumas, qui s'y connaît, l'a trouvée splendide. — Je la transcris ici. — La postérité a droit aux œuvres du génie ; et, en temps de révolution, un peu de cuisine, ça repose.

Cette salade est calculée pour quinze personnes. Elle est encore meilleure le lendemain, mais il est rare qu'il en reste. Prenez une balance et la pose majestueuse de la Justice, telle qu'on la voit sur le papier timbré ; et, pénétré de la gravité de votre mission, pesez sans partialité ni erreur les espèces suivantes :

	Grammes
Raiponce, la racine coupée à un pouce et la feuille coupée fin.	57
Céleri	115
Cornichons confits dans le vinaigre	65
Câpres	60
Oignons confits.	42
Betterave blanche cuite	70
Betterave rouge id.	70
Truffes cuites, noires et blanches	100
Cœur de chicorée.	85
Escarole.	150
Laitue ordinaire (petit cœur).	30
Haricots blancs cuits	130
Id. verts id.	85
Anchois.	90
Achards (blés de Turquie, estragon, capucines).	35
Poivre long confit (gros comme une noisette).	»
Choux-fleurs cuits	70
Pommes de terre cuites	150
Fourniture (Estragon, cerfeuil, pimprenelle, hachés fin)	25

Tout se met dans le saladier, par couches, dans l'ordre ci-dessus, excepté les câpres, les betteraves et la fourniture, qui se mettent dessus.

ASSAISONNEMENT

Deux cuillerées à café de moutarde de Bordin ;
Une cuillerée de mignonnette ;
Petite cuillerée à bouche de sel ;
Neuf cuillerées de vinaigre à l'estragon ;
Onze cuillerées d'huile d'olive d'Aix.

Cet assaisonnement se fait dans un bol à part ; on mêle bien le tout et on le verse sur la salade, bien également, religieusement, avec une cuiller, mais sans remuer. On laisse le tout reposer et s'imbiber trois heures, sans y toucher, ayant bien soin de le recouvrir d'un grand plat. On ne le remue qu'au moment de servir.

Et maintenant, si on trouve plus tard cette recette dans mes mémoires, et qu'on en plaisante, je m'en console : une salade pareille, c'est une partition, et on ne doit reculer devant rien quand on peut rendre service au pays.

18 JUILLET 1849. — A partir du 24 décembre dernier, le carnet d'un ténor a été in-

terrompu, du moins dans sa forme quotidienne. Chaque jour amenait sa répétition du *Prophète*, à laquelle assistaient Roqueplan, Deligny, Benoist. De décembre 1848 à avril 1849, l'œuvre colossale du maître a été étudiée, ciselée, fouillée par chacun de ses interprètes : Mmes Pauline Viardot et Castellan ; Roger, Gueymard, Prévost, Alizard et Genibrel. Alizard, malade, dut céder la place à Levasseur dans le rôle de Zacharie.

Ce pauvre Alizard, je me le rappelle encore. Énorme et trapu, mais doué d'une grande organisation et d'une voix splendide, il semblait un lion enfermé dans une cage trop étroite. Il rugissait des imprécations contre Dieu, contre sa mère qui l'avait fait difforme. Pour combattre une attaque d'apoplexie, on l'avait saigné à blanc, et il n'avait plus de souffle. Quand il venait me voir, il appuyait longuement son énorme poitrine sur la rampe de l'escalier, pour donner un point d'appui à sa respiration haletante. L'anémie ne tarda pas à l'enlever. S'il a retrouvé là-haut sa mère, elle a dû lui pardonner ; il avait bien souffert !

Le *Prophète* a été donné.— Voir les journaux du temps, consulter le souvenir des ancêtres. Ce qui m'a frappé, ce que je me rappelle avec le plus de plaisir et d'orgueilleuse satisfaction, c'est la façon dont a été conçue et exécutée par Pauline Viardot et par moi la scène de la cathédrale, l'exorcisme.

Il n'y a pas eu d'études, de conventions préalables ; nous sommes arrivés un beau jour en face l'un de l'autre, et, de la première mesure à la dernière, tous les détails de cette scène immense ont été improvisés et sont demeurés justes et arrêtés.

Jean, qui se dit fils de Dieu, est entré dans la cathédrale pour faire consacrer sa nature divine. Il n'a donc pas de mère terrestre. Mais, à ce moment, une femme s'écrie : Mon fils ! et se précipite vers lui. Le peuple va crier à l'imposture de son Prophète, si celui-ci ne le rassure par un miracle : il déclare cette femme folle, et le miracle consistera à lui rendre la raison. Il ne faut donc pas que le peuple puisse soupçonner le moindre lien entre le Prophète et la femme. Parmi mes collègues, ceux qui ont donné un baiser à Fidès, pour la forcer à s'agenouiller, sont dans le faux. C'est la puissance du regard, c'est le passage, visible pour la mère seule, de la physionomie impérieuse à l'expression de tendresse filiale, qui doivent opérer le soi-disant miracle.

Tant que le Prophète, sur quelque mouvement brusque de l'admirable ritournelle, commande à la mère de s'agenouiller, celle-ci, indignée, résiste, et Pauline Viardot, admirablement drapée, avait là des attitudes splendides.

Mais sitôt que Jean, se faisant un rempart de ses bras levés au ciel, peut adresser un regard de tendresse à sa mère, celle-ci comprend. Ce que la femme chrétienne, la Foi, avaient refusé à l'imposteur, la mère l'accorde à son fils qui semble l'implorer, et, sous ce regard mouillé de larmes, elle ne se débat plus, elle est vaincue, elle tombe...

Et demain, je me remets en route. L'an dernier, j'étais à Londres. Une nouvelle « tournée » va maintenant me conduire en Allemagne.

Tant mieux pour mon carnet.

A Paris, les compositeurs, les directeurs, mes amis, mes connaissances n'ont pas pour moi le mérite de l'inconnu. En voyage, c'est autre chose, il faut fixer mes souvenirs, et de même que j'ai pris quotidiennement des notes sur mon voyage en Angleterre, je me promets d'en prendre chaque jour sur mon voyage en Allemagne.

VII

VOYAGE EN ALLEMAGNE

19 Juillet 1849. — Nous montons en wagon à huit heures du soir ; je vais débuter à Francfort. C'est une grosse partie que je joue là ; il va falloir chanter mes rôles en allemand ; il y a six mois, je n'y pensais guère : c'est Bacher qui m'a mis cette idée en tête. Bacher est une singulière nature : il m'a été présenté par Meyerbeer sous ce titre : « L'Ami des artistes. » En effet, il n'y en a pas un, jouissant de quelque célébrité, avec lequel il ne soit lié : on pourrait dire qu'il passe la vie à décrocher les étoiles. Il a fait les engagements de Jenny Lind, il a présidé à la transformation du *Camp de Silésie*,

donné à Berlin, en *Wielizka* donné à Vienne ; c'est aussi le bras droit de Lumley. Il m'a dit, il y a six mois : « Apprenez donc quelques rôles en allemand : vous débuterez à Vienne, Francfort, Dresde, et Berlin ; votre fortune est faite, j'ai pour vous des engagements tout prêts. »

J'ai sérieusement réfléchi ; je ne devais pas trouver à ce projet de grandes difficultés ; j'étais encore au collège lorsqu'on a introduit l'étude des langues vivantes dans le programme de l'Université. J'ai chanté l'anglais en Angleterre, je parle italien, je viendrai bien à bout de l'allemand : c'est une affaire de bosse, et je l'ai ; je crois même que tout musicien bien organisé doit l'avoir. Il ne faut pas d'abord se laisser effrayer par l'écriture, par ces caractères gothiques, anguleux et secs, d'où partent de tous côtés des baguettes et qui semblent vous tirer de petits pétards dans les yeux.

Je m'y suis donc mis en commençant par les *Huguenots*; j'apprenais tous les soirs deux phrases en me couchant, que je savais parfaitement en me levant; et puis les vers d'opéra ramènent à chaque instant les mêmes mots :

Amour vient rarement sans *Retour*, comme *Liebe* amène *Triebe;* quand vous voyez venir *Herz* vous êtes bien sûr que *Serz* n'est pas loin ; *Cœur, Douleur, Bonheur* sont de bons amis qui ne marchent jamais sans se donner la main. Donc, pendant six mois, j'ai déroulé soir et matin cette bande de mirliton, et je sais Raoul... en allemand.

Cinq heures du soir. — Nous voici à Cologne, hôtel Royal...

Samedi 21. — Nous commençons enfin le voyage du Rhin. Pourquoi n'ai-je pas été profondément ému ? Y a-t-il déception forcée dans des beautés trop vantées ? Peut-être mon instrument n'était-il pas suffisamment monté pour le mode admiratif ; et puis j'avais trop de préoccupations à la clef ; je lirai les ballades de Uhland, *le Rhin* de Victor Hugo, et je le comprendrai mieux ; ces vieilles tours, ces châteaux en ruine, portent dans l'histoire cette mention :

« Détruits par les Français pendant la guerre « du Palatinat... »

DIMANCHE 22. — Arrivée à Francfort, hôtel de Russie, sur le Zeil. Visite de mon directeur, M. Muhling. C'est un petit homme bien aimable, orné d'une paire de lunettes très larges et d'une perruque très courte ; celle-ci a la franchise de son opinion : on se dit tout de suite en la voyant : Eh bien ! pour une perruque, ça, c'est une perruque ! Et pourquoi pas ? Quand, pour avoir des cheveux, on a dépensé une certaine somme d'argent, on est bien aise de s'en faire honneur, n'est-ce pas ? il faut que ça se voie.

M. Muhling est très fier de m'introduire en Allemagne ; très bon, très affectueux, il m'embrasse même sur la bouche ; ça m'ennuie, moi, je n'aime pas ça, mais c'est l'usage. Il parle bien le français, il me dit à propos de son associé : « Je vais vous présenter mon collège ». J'ai eu peur un instant, mais il voulait dire : collègue. C'est égal, je lui sais bien bon gré de me faire des pataquès dans ma langue maternelle, j'ai idée que je les lui rendrai joliment quand je parlerai la sienne, — il ne faut rien avoir aux gens.

VENDREDI 27 JUILLET. — Début à Francfort dans *Lucia*, je chante en italien, et nos *collèges* en allemand. Succès magnifique, malgré les restes d'un enrouement apporté de Paris; je manque le *si* bémol de la fin du premier acte, mais la Malédiction du deuxième et l'air des Tombeaux me font rappeler six fois. Tout le monde est dans le ravissement, excepté moi qui sens que ma voix est en train de me jouer un mauvais tour. Soupé avec le comte de Muline, le baron de Haber, et le baron de Herz.

De Haber est un garçon ravissant, doux, distingué, complaisant ; il est fou de musique, il a une jolie voix et pourrait faire un artiste ; malheureusement il aura un jour plusieurs millions : qu'est-ce que vous voulez faire avec ça ?

Le comte de Muline, ou Mulinen, aimable viveur, le verbe haut comme la cravate, coiffure à la suédoise, légitimiste enragé, se disant atteint de mélancolie et toujours riant, a dû être élevé par une grand'mère qui avait émigré à Coblentz avec le comte d'Artois ; enfin le type

des marquis retour de Gand : habit vert à bou-
tons d'or, jambes maigres, excellent cœur et
de l'esprit.

De Herz, représentant d'une grande maison
de banque de Vienne, aussi distingué et spiri-
tuel que financier.

LUNDI 30 JUILLET. — Lettre à Berlioz : —
« Eh parbleu ! mon cher Hector, pourquoi ne
commencerais-je point par vous le dire ? On
vient de me donner une sérénade après les
Huguenots, que j'ai chantés en allemand. —
J'étouffe de bonheur ; il pleut à verse, et mes
chanteurs du théâtre étaient là dans la rue avec
des lanternes et des parapluies à onze heures !
Comprenez-vous ? Mais oui, au fait, vous avez
eu aussi cet orgueil de tenir éveillés des gens
dont les habitudes sont de fer, surtout en ce
qui concerne l'heure du souper.

« Je soupais donc tranquillement avec trois
ou quatre amis, qui étaient dans le secret, et
qui l'avaient gardé (il n'y avait que des hommes)
quand la chose a commencé. On m'a chanté
trois morceaux : un de Chérubini, d'un carac-

tère religieux, et qui finissait par ces mots :
« Tes amis te remercient » ; un autre de Mendelssohn, et le troisième inconnu. Voyez-vous
cela? Au milieu de la nuit ! J'étais fou de joie,
je descendais dans la rue, je les embrassais,
je leur disais en allemand des choses incohé-
rentes, je pleurais. Je crois qu'à défaut de la
pluie qui tombait sur ma tête j'aurais pu m'en-
rhumer avec mes larmes ; je leur ai dit tout
ce que j'ai pu trouver : « Allez vous coucher !
Donnerwetter ! C'est ridicule de chanter comme
cela, les pieds dans l'eau ; vous êtes de vrais
artistes, je ne vous oublierai de ma vie, mais
pour Dieu, allez vous coucher ! » Après cette
touchante improvisation, trois gros hurrahs
sont partis, et tout est rentré dans le silence.
Et maintenant je vous écris, après avoir con-
tinué le souper interrompu, où, par parenthèse,
j'ai ruiné de fond en comble une assiette de
jambon et de langue fumée, fiévreusement,
tout nerfs. Le saumon fumé et le vin du Rhin
poussent au recueillement et aux souvenirs,
et je repasse avec étonnement les détails de cet
accueil chaleureux qu'on me fait là, aux portes

de l'Allemagne ; cette cordialité artistique, dont il reste, hélas ! si peu dans notre beau pays. Ici on vous est reconnaissant de vouloir bien vous laisser adorer.

En somme, la représentation a été belle : j'étais admirablement secondé par ma Valentine, Mme Anchütz Capitaine, qui garde les articles où vous avez parlé d'elle, dans de petits tiroirs, avec des sachets par-dessus ; vous irez, par elle, embaumé, momifié, jusqu'à la postérité la plus reculée. Quant à moi, ce qui m'étonnait le plus, était de m'entendre chanter en allemand et d'être compris mieux que les artistes du pays, qui ne se donnaient pas la peine d'articuler. Il ne me reste plus qu'à me réjouir du plaisir que mon succès va vous causer, adieu ! »

Dimanche 5 Aout. — En route pour Hombourg. Ma foi, nous faisons bien de nous donner un peu de bonheur ; il fait un temps superbe, nous sommes dans une belle calèche découverte, comme des princes, avec Brididi, notre domestique derrière nous ; nous aspirons le soleil par tous les pores. — Tout me fait plaisir sur la route : d'abord la vue du paysage qui est devant nous, les pommiers aux branches étayées de perches pour les empêcher de se rompre sous le poids des fruits. Les percepteurs des frais de route sont amusants avec leur mode de perception qui se fait au moyen d'un long bâton terminé par une sébille en fer-blanc, qu'ils vous tendent par leur fenêtre, jusque dans votre voiture, sans se déranger.

Les enseignes sont aussi fort curieuses. Ici, l'on vend du charbon de terre, du charbon de bois, du fil et des aiguilles.

Chez une modiste, à côté de chapeaux, dernière mode de Paris, du fromage.

A quatre heures nous arrivons, nous voyons les cinq sources salines.

Le pays est ravissant, mais Baden-Baden est plus pittoresque. Malgré l'horreur que l'on cherche à inspirer des maisons de jeu et que j'ai longtemps ressentie, je ne sais pourquoi j'ai éprouvé une sensation de plaisir à pénétrer dans ces salons luxueux ; j'y cherche en vain ces faces livides, ces doigts crispés, aux ongles

entrés dans la chair ; ces hâves désespérés,
faisant sonner dans leur poche leur dernière
pièce d'argent contre le canon d'un pistolet. S'il
y en a, ils se dissimulent ; leur rage se montre
de bonne compagnie.

Comme je respirais le frais dans ces jardins
embaumés de fleurs et de musique, où mon
succès récent faisait de ma petite personne un
évènement, le baron de Rothschild est venu
me parler au milieu d'un groupe d'amis.

« Fous afez tort de fenir ici, me dit-il, avec
son bon sourire et son accent germanique,
fous afez un si pon état ! Quand fous chouez,
ténor ; fous gagnez à tout coup. » Et il m'a
offert sa recommandation pour tous les banquiers des villes dans lesquelles j'irais gagner
de l'argent, car « c'est là le principal, ajouta-t-il,
croyez-moi ! » Oui, certes, bon et excellent baron,
je vous crois et je voudrais bien vous imiter,
vous suivre, même de loin, de bien loin, car je
crains fort, à cette course aux écus, que vous
ne me dépassiez toujours de quelques longueurs
de tête.

VIII

DEUXIÈME VOYAGE EN ALLEMAGNE

19 Mai 1851. — Nous partons pour Metz. Descendus à l'hôtel de l'Europe, rue aux Clercs. Vers midi, le directeur est venu nous voir.

Nous nous promenons avec lui à la foire ; puis nous allons entendre *Giralda*, chantée par Mlle Nordet, à qui l'on jette une couronne blanche, emblème d'une sagesse d'autant plus méritoire que MM. les officiers de toutes armes ne se sont pas fait faute de l'attaquer ; mais la place a été reconnue imprenable.

Mercredi 21. — La vue est magnifique ; ce pays est vraiment celui des lilas ; nous en avons un, dans la cour de l'hôtel, gros comme un tilleul ; on ne voit pas une feuille ; rien que des fleurs.

Répété le soir la *Favorite* pour demain. Répétition insignifiante ; l'orchestre ne m'applaudit pas, ça me vexe, je n'aime pas à changer mes habitudes ; après tout, ces braves gens sont pressés d'aller à la foire, à la pipe, à la bière ; la foire, ça n'attend pas. Fait connaissance avec un commandant, qui nous emmène à notre tour à la foire.

Mercredi 28. — Après avoir chanté jeudi la *Favorite* devant beaucoup d'officiers, j'ai donné dimanche le *Prophète* et je me suis reposé depuis, en étudiant la *Dame blanche* en allemand. Dîné avec douze officiers de l'école d'application ; l'invitation m'a été apportée hier par Domenico Lablache. Ce dîner a été curieux ; tous ces jeunes gens avaient un charmant esprit naturel ; ils m'ont reçu comme un rayon du grand soleil parisien au milieu des ténèbres artistiques de leur province. A la fin du repas, ils avaient tous l'ivresse poétique, moins gris de vin que de plaisir d'avoir avec eux un artiste. Je me suis vraiment trouvé heureux dans leur société ; ils parlaient de Byron, de Shakespeare, de Mozart, de Meyerbeer, en vrais poètes qu'ils étaient ; le cousin de Gounod, garçon habituellement doux et tranquille, mais ce soir nerveusement surexcité, me causait un plaisir embarrassant en me parlant trop de moi-même. On a chanté la chanson des artilleurs en Piémont en faisant le tour de la table pour la vérification des pièces, c'est-à-dire pour voir si les verres étaient convenablement vidés.

Lablache a prétendu que, lorsque des artilleurs français ont un hôte distingué, ils doivent, en son honneur et pour être tout à fait charmants, brûler leur chemise. — C'est ce qui a été fait. — Les chemises ont été retirées et brûlées, suspendues aux fenêtres ; cela avait l'air d'un incendie. — Il passait des bourgeois en dessous ; cela a fait le meilleur effet pour la réputation de gaîté du festin ; on a cassé des carreaux, de la vaisselle et des bouteilles pleines, c'était trop. Je suis resté seul de sang-froid. Je craignais en rentrant que Lablache n'alarmât ma femme avec ses yeux un peu allumés ; mais vingt pas plus loin, il n'y paraissait plus ; il avait retrouvé l'air digne d'un membre du Parlement.

30 Mai. — Dîné à Moulins. — Nous avons auparavant traversé un vieux pont jeté sur la Moselle, dont on a détourné le cours, si bien que le pont ne voit plus sous ses arches que des ondes de sainfoin en fleur, où coassent les grenouilles altérées. Singulière impression que cause la vue de ce fleuve desséché, avec ses bords plantés de saules dont le pied semble baigner dans une eau absente ! On pense malgré soi à une maison abandonnée pour cause de revenants. Avec cela qu'au bout du pont s'élève la maison dite « du Diable. » A certaines époques, les sonnettes, à minuit, sonnent toutes seules. Aussi elle n'est louée que pour la saison où le diable n'y carillonne pas. Je ne m'explique pas bien cela ; mais on me l'a dit.

Samedi 31. — Raphaël Maréchal, le fils du célèbre Maréchal, de Metz, nous mène voir une petite église qui possède des vitraux exécutés par son frère. — C'est admirable. Il nous montre chez lui des pastels; originaux ou copies de maîtres, tout est d'une vigueur extrême; il y a entre autres une jeune fille nue, couchée dans des herbes, devant laquelle nous restons en extase. De même pour ses bohémiens et pour le contrebandier; je m'étonne de voir un pareil talent s'obstiner à rester en province; mais il me dit qu'il ne peut souffrir Paris, qu'il se suffit à lui-même et qu'il se sent plus original loin du courant des banalités. Cette régénération de la peinture sur verre lui fera un grand nom dans l'histoire de l'art. A-t-il des concurrents? Mais lui seul peint religieux. Maréchal est peintre et musicien, il a des idées charmantes et un sentiment distingué. J'ai été bien heureux de rencontrer loin de Paris cette oasis artistique, musique et peinture, deux sœurs harmonieuses bien charitables.

Vendredi 13 Juin. — Nous entrons donc à Berlin un vendredi 13. Qu'est-ce que cela nous présage? Ma première visite a été pour Meyer-

beer, Pariser Platz; il était malade, ce qui ne nous
a pas empêchés de causer longuement ; il aime
à parler politique théâtrale, directeurs, artistes.
Le soir, vu *Faust*, drame étrange, qui m'a fait
un grand plaisir, par la hardiesse de la conception et le bien rendu de l'exécution. On en a
retranché tout ce qui est du domaine de la fantaisie pure, tel que le chien qui grossit dans un
coin de la chambre de Faust, et qui donne
passage à Méphistophélès. L'acteur qui rem-
plissait ce rôle était vraiment prodigieux de
diablerie hypocrite ; il a fait Satan boiteux, en
souvenir de la catastrophe de l'ange déchu. Je
penserai à ce Faust ; peut-être serait-il possible
d'en tirer un opéra pour Paris, en mettant de
côté la partie purement philosophique, et en
abordant de front le fantastique et les impossi-
bilités plus apparentes que réelles de mise en
scène.

SAMEDI 14. — Nous sommes à l'hôtel Saint-
Pétersbourg, sous les tilleuls. Un homme est
venu me demander des billets pour le jour où
je débuterai. Après des ambages sans nombre,

il finit par me dire qu'à Berlin le public est très froid, et qu'il est important de l'enlever par quelques battements de mains bien sentis.

Allons donc, je devine! ce gentilhomme décoré, c'est le chef de la claque secrète.

Je l'ai poliment évincé, en lui faisant entendre que je ne connaissais rien de ces usages allemands.

Nous avons eu une grande émotion : Brididi était perdu, donc il était volé ; mais du moment que nous avons menacé d'aller à la police et que nous avons promis une récompense, il a été retrouvé ; c'est une convention, un petit profit entre les domestiques des hôtels voisins et du nôtre. Mais quand nous cherchions encore, ma femme de chambre, que nous avions fort grondée de sa négligence, parcourait tout l'hôtel comme une lionne qui a perdu ses petits ; dans un corridor, elle aperçoit un vieux voisin, bien tranquille dans sa chambre ; elle se précipite chez lui, affolée de désespoir : « Notre chien, Monsieur! notre petit chien! l'avez-vous vu? » Le pauvre homme ne comprenait pas le français ; mais après avoir cherché ce que pouvait bien désirer une femme si pressée, si malheureuse, une lueur se fait dans son esprit ; il indique qu'il a compris. Il ouvre le petit meuble discret qui est à la tête de son lit, vous comprenez ! et il en retire... le locataire ! qu'il lui présente en se retournant d'un air satisfait et pudibond.

Il croyait avoir sauvé une situation ; nous l'avons eu devant nous à table d'hôte et nous avons bien mal dîné, car nous éclations de rire en le regardant à la dérobée. Et puis, quelle cuisine ! Du riz sucré au foie de veau ! du gibier aux groseilles à maquereau ! Ce qui est triste, c'est qu'on finit par s'y faire ; il est si facile de se dépraver le goût. Il en est en cuisine comme en philosophie, l'éclectisme tue la franchise du sentiment. Ayons un style, une école, mais pour Dieu ! pas de confusion, pas de Babel ! Or, nos assiettes sont de véritables Babel ; c'est la confusion des langues ; langues de bœuf, de veau, de porc, langues salées, langues fumées, avec des compotes de fraises et de la moutarde.

Mercredi 18. — Le comte Redern est venu me voir. Il est intendant de la musique du roi, et, hiérarchiquement parlant, il est le supérieur de Meyerbeer.

J'ai fait la connaissance de lord Westmoreland, grand amateur et compositeur de musique. Tout ambassadeur qu'il soit, ses œuvres ne feront pas de révolution ; elles inspirent une douce paix, et ne nuiront à personne, pas même aux chanteurs qui les interpréteront, car elles ont un mérite : c'est d'être bien écrites pour la voix. Je me suis mis au piano et j'ai accompagné le noble compositeur, qui chantait ses mélodies italiennes avec une petite voix toute vieillotte et cassée.

Mais il y a tant de bonté, tant d'amour de l'art chez cet aimable vieillard que toute idée de ridicule s'efface. Dieu veuille que je sois dans ma vieillesse aussi vert et amoureux du beau qu'il l'est à son âge !...

Samedi 21. — Mauvaise journée ! A 10 heures, répétition des *Huguenots* ; j'y ai été détestable. Pas de voix, par suite d'une indisposition de la veille, et Meyerbeer était là ! Il avait tenu à me présenter à l'orchestre, qui m'a applaudi à mon entrée, mais pas à mes morceaux. Nous sortons de cette répétition, ma femme et moi, comme des damnés. Berlin me déplaisait déjà; il me semble maintenant qu'il est impossible d'y vivre, que tout le monde dans la rue lit ma honte sur mon visage; et Bacher, l'ami qui m'a mis dans la tête de débuter en Allemagne, est arrivé de Vienne pour m'entendre ! Quel malheur de l'avoir fait assister à une pareille déconvenue ! Cela ne le déconcerte pas, il a confiance en moi. Nous passons la journée avec la mort dans l'âme. Pauvres artistes ! un revers nous abat plus que dix succès ne nous élèvent.

Dimanche 22 Juin. — C'est ce soir mon début. Pour chasser mes idées noires et calmer mes nerfs, j'ai été voir Kossac, journaliste du *Kladderadatsch*, le *Charivari* berlinois. Sa femme est fort belle, ils sont très sympathiques et me reçoivent à merveille. Dans un de ses derniers articles, il a voulu faire parler le

prince Paskewitsch en français et lui a fait
dire de nos invalides : « Ce sont de beaux gens,
mais bien vieux ». Je ne sais si cela a quelque
sel en allemand, mais j'ai eu un peu de peine
à lui faire comprendre que le mot «gens» est
un substantif jaloux qui ne souffre avant lui que
des adjectifs du sexe féminin, tels que : «petites
gens, bonnes gens, excellentes gens»; quant
aux adjectifs masculins, il les méprise, il les
met toujours après lui.

Mais faisons trêve aux arguties grammati-
cales. Il s'agissait, ce soir, de frapper le grand
coup; il l'est, et crânement. Les *Huguenots!*
J'avais retrouvé ma solidité ; après la romance
de la «blanche hermine», la glace était brisée ;
le public, qu'on disait si froid d'ordinaire,
applaudissait sans crainte d'être confondu avec
les claqueurs. Le duo du second acte, le
septuor, ont bien marché ; le quatrième acte
a tout couronné ; nous avons été rappelés,
Mlle Wagner et moi, trois fois après la chute
du rideau (pour Berlin, c'est beaucoup), et deux
fois au cinquième acte. Véritable ovation.

Mlle Johanna Wagner est une mince et

longue personne, nièce du compositeur Wagner, sur qui l'Allemagne commence à fixer les yeux. Sa grande taille paraîtrait peut-être démesurée à Paris ; mais, jointe à la plastique, elle se prête à de grands effets. Johanna a étudié avec Manuel Garcia, qui a cultivé chez elle une voix de poitrine remarquable, d'une puissance d'autant plus grande que la voix médiale et la voix de tête n'ont rien perdu de leur fraîcheur. Elle a du feu, de l'imagination ; c'est une artiste ! Elle abuse peut-être de ses belles notes graves, qui me semblent un peu déplacées dans le rôle si chaste de Valentine. Quand j'étais à ses genoux, elle se penchait sur moi, et ses longues boucles, que l'on nomme, je crois, des anglaises, m'enveloppaient complètement ; je n'y voyais plus clair, je me faisais l'effet d'un pauvre petit rossignol dans une cage de cheveux. Me voici donc enfin, après ce succès, remonté sur mon hippogriffe ; je suis redevenu l'étoile parisienne digne de sa réputation. Ah ! je me sens un rude poids de moins sur la poitrine : Brandus et Bacher, qui ont eu confiance en moi, sont dans le ravissement ; ce dernier est venu m'apporter sur la scène le bouquet de la mère de Meyerbeer !

Lundi 23. — Je me suis levé à six heures, j'ai mal dormi ; mon succès d'hier m'a tenu éveillé ; la joie, c'est comme le café. Je m'habille et je sors : j'avais besoin d'être un peu admiré ; il n'y avait malheureusement, dans la rue, que des cochers de fiacre ; n'importe, j'ai hâte de me montrer à eux ; il me semble qu'ils me reconnaissent ; quel pourboire je leur donnerais si je les prenais ! Berlin, qui me semblait inhabitable, est une ville riante ; il n'y a pas jusqu'à ses ruisseaux, véritables égouts à ciel ouvert, bourbeux et punais, que je ne trouve très acceptables. Ce ne sont plus des ruisseaux, ce sont des vallées verdoyantes ; il me prend des envies de me coucher sur leur déclivité, et comme «Tityre recubans» de m'y endormir au doux murmure de la fange.

Le maëstro est venu me prendre pour me présenter à M. Spiker, propriétaire de la *Spenerische Zeitung*, gazette qui tire à 12,000 — en Allemagne.

13.

C'est un ami d'Auber et d'Adam ; il a beaucoup de tableaux français ; quand nous sommes entrés, il s'occupait de moi. Il avait sous les yeux, pour faire son article, ma biographie en anglais ; il aime la France, et me dit que la soirée d'hier va faire enrager les Gallophobes, les « Franzosenfresser », mangeurs de Français.

Mardi 24. — Répétition de la *Dame blanche* : J'ai, pour la première fois, dit le dialogue en allemand ; ça ne paraît nullement ridicule aux camarades. Avant dîner, visite à l'intendant, M. de Huelsen, qui a une femme charmante, l'air épanoui d'une rose qui parlerait français.

Vendredi 27 juin. — Soirée chez le baron Prokesch, ministre d'Autriche ; il y avait là lord Westmoreland (Angleterre), M. Lefèvre (France), Caradja, pour la Turquie ; j'ai chanté *le Printemps*, *Page*, *Ecuyer*, *Capitaine*, de Membrée, accompagné par Kullak, et la romance : *Sous le Balcon*, qui m'est dédiée par Meyerbeer, accompagné par lui. La baronne

Prokesch, est une jolie viennoise, fine musicienne, ayant au bout de ses doigts roses toutes les mélodies de Schubert.

DIMANCHE 29. — Dîné chez Mme Amalia Beer (c'est la mère des poètes); elle a quatre-vingt-cinq ans. Aussi heureuse et jalouse des succès de son fils, le grand Giacomo, que s'il sortait du Conservatoire, on dirait qu'elle appréhende encore qu'il ne fasse pas son chemin. La maison est montée sur un pied royal; nous étions vingt-cinq à table, ma femme à la droite de Meyerbeer : il y avait là les neveux et nièces du maëstro et toutes sortes d'illustrations, constellées d'ordres et de crachats. Devant le pavillon du jardin, dans lequel une partie du *Prophète* a été composée, j'ai été présenté au sculpteur Ranch, l'auteur du monument du grand Frédéric, au bout des Tilleuls. C'est un artiste magnifique; tout son extérieur, comme celui de Gœthe, indique la grandeur de la pensée. Quand on regarde cette belle tête blanche, cette stature imposante, on est saisi de respect et d'admiration ; il vous semble avoir devant vous un de ces sculpteurs grecs, qui voulaient des monts pour tailler des dieux.

J'espérais passer toute ma soirée avec ces grands esprits, mais, après le cigare et le café au jardin, vers sept heures, les domestiques sont venus nous prévenir que les voitures nous attendaient à la porte. Singulier usage qui fait ici terminer les dîners à l'heure où chez nous ils ne commencent pas encore ! Mais Mme Beer, vu son âge, est tenue à des ménagements ; elle est fort aimée à Berlin ; on m'a raconté ce petit trait :

Pendant la guerre de 1812 et 1813, elle avait rendu de grands services en soignant les blessés et en fondant des institutions de secours. Le roi voulut récompenser son dévouement ainsi que celui de plusieurs autres dames, qui avaient, comme elle, fait preuve de patriotisme. Il institua un ordre à leur usage, dont le signe était une croix, la croix de Louise, reine de Prusse, mais on réfléchit que Mme Beer, étant israélite, ne pourrait porter la croix.

Le roi fit alors frapper une médaille rappelant, dans ses ornements et sa devise, ceux qui étaient figurés sur la croix. Mme Beer put ainsi en orner son corsage; on ne parlait jamais de sa croix, mais de sa médaille. Un jour, une de ses petites-filles vient se plaindre à elle, tout en pleurs.

—Eh, mon Dieu! Qu'as-tu donc, chère enfant?

Celle-ci hésitait et semblait chercher. (Il faut dire qu'en allemand le mot croix se dit kreuz, mais kreuz veut aussi dire « reins, croupion ».) L'enfant s'était laissé tomber dessus et n'osait pas se servir de « kreuz-croix; » elle prit un détour et dit :

—Je viens de tomber et je me suis fait bien mal... »

— Où?

— A ma médaille.

MARDI 1er JUILLET. — Seconde du *Prophète*, moins bonne que la première; la chaleur était étouffante; la voix s'est dégagée au troisième acte, et le reste a si bien marché que le prince de Prusse est venu me complimenter et m'apporter les félicitations du roi qui, dit-il, pleurait au quatrième acte.

JEUDI 3 JUILLET. — Nous allons à Potsdam, nous nous sommes bien dépêchés pour ne pas manquer le train, aussi nous l'avons manqué; heureusement qu'un train extrà était commandé pour le roi. Il m'a aperçu et nous a fait monter dans un de ses wagons. Potsdam, belle verdure, fraîches fontaines, bassins de marbre, déshonorés par l'eau noire qui les arrose. Les eaux de ce pays sont terribles à voir : la Sprée, on dirait le Ténare. Cela me rendrait spleenitique si j'y restais longtemps. Moi qui adore la pêche, ne pouvoir jeter ma ligne que dans l'encre! Où sont nos belles eaux de France, nos rivières limpides, auxquelles le ciel confie le secret de son azur et qui le gardent?

Presque toutes les statues, les meilleures, sont françaises, étant des deux frères Adam (de Nancy). Les maisons romaines et les bains de Charlottenbourg, avec leurs pampres courants et leurs bancs de marbre, font un joli effet, surtout le Jardin des Roses, dont les églantiers sont énormes de hauteur et de grosseur. Vu le cabinet de Frédéric le Grand ; l'ameublement, les tentures, fort délabrés, sont du temps, ainsi que les parquets jaunes et noirs, et le salon de coquillages. Par parenthèse, je n'en suis pas fou, de ce salon; je n'aime pas le coquillage en architecture; cela me fait penser à ces atroces boîtes, ces petites machinettes que l'on vend dans les ports de mer, vrai cadeau de fantassin à sa payse.

En revenant, nous avons aperçu le fameux Moulin de Sans-Souci, qui n'est pas un roquet de moulin, comme les vers d'Andrieux pourraient le faire croire; c'est un immense moulin, fort comme une citadelle, et dont le propriétaire ne se promenait certainement pas en veste blanche sur un mauvais âne. Ça devait être quelque gros Darblay du temps, opérant la hausse et la baisse des grains, et très capable de se soucier fort peu des offres et des menaces du grand Frédéric; ce qui diminue un peu pour moi la continence de l'un et la résistance de l'autre.

Vendredi 4.—C'est le tour de la *Dame blanche*, musique et dialogue en allemand; tout le monde est émerveillé de ma prononciation ; ce qui me reste d'accent français est, dit-on, un charme de plus, tant on a d'indulgence et de bonnes dispositions pour moi. Le roi, le prince de Prusse, le roi de Wurtemberg, le duc de Hesse-Darmstadt descendent sur le théâtre pour me complimenter. Il y avait dans la salle la duchesse de Leuchtenberg, et jusqu'à la reine de Prusse, dont on trouve la présence extraordinaire, car on la sait superstitieuse. Elle n'aimait pas, jusque-là, la *Dame blanche*, dont les apparitions font songer à la légende berlinoise de la *Balayeuse*. Cette balayeuse est un être fatal dont on entend grincer le balai terrible dans l'intérieur des murs du palais royal toutes les fois qu'un évènement sinistre doit arriver aux descendants de Frédéric. On a entendu son balai avant la mort du feu roi ; on l'a entendu quelques jours avant la révolution de 1848, et tout cela sans musique ; Boïeldieu manque à la chose pour la rendre supportable.

MARDI 8.—Concert chez le roi à Potsdam. Nous sommes partis avec M. et Mme Jules Beer qui dînent aussi à Postdam. Jules Beer est un neveu du maëstro; il est déjà musicien excellent, et il me semble que, comme compositeur, il chasse déjà de race. Arrivera-t-il à la haute réputation de son oncle, ou l'oncle mangera-t-il le neveu? Je ne puis encore rien dire, mais, s'il reste en route, il n'y aura rien de sa faute. Le public a parfois de singuliers partis pris.

Le soir, concert au palais. Chanté la romance des *Huguenots*, celle de la *Favorite*, avec Meyerbeer au piano, plus un solo dans la cantate de Dorn, excellent chef d'orchestre et compositeur. Au théâtre de Berlin, qui ouvre ses portes tous les soirs, l'emploi de chef d'orchestre est confié à deux célébrités, Dorn, pour le grand opéra, et Taubert pour les opéras de mezzo carattere et l'opéra-comique.

Nous avons, après le concert, soupé pêle-mêle avec la famille royale, c'est-à-dire qu'il y avait une quinzaine de petites tables, dressées çà et là dans le salon. Le roi et le prince de Prusse, son frère, étaient d'une affabilité charmante. Le roi, qu'étonnait ma prononciation, voulait absolument que je fusse Allemand.

— Votre nom doit se prononcer Roguer! me disait-il.

— Pardon, Sire, je m'appelle Roger et je suis un bon Français.

— D'Alsace, alors, des bords du Rhin?

— Non, Sire, des bords de la Seine. Si Votre Majesté y tient, je serai un Allemand de la Chapelle Saint-Denis; j'y suis né.

— La Chapelle Saint-Denis! Ah! je connais cela, nous y avons campé en 1814 ou 1815.

— Oui, Sire, et depuis ce temps-là la population a conservé certaines habitudes; c'est au nord de Paris que l'on trouve la bonne choucroute et les meilleures saucisses. A ce point de vue, le pays est resté tout à fait allemand.

Nous étions à la fin du souper, sans cela!... On se mit à rire, ce que le roi ne déteste pas. Il se permet même quelquefois ce que nous appelons des gauloiseries.

On faisait un soir de la musique en petit comité. Une partie de chant indispensable à l'un des chanteurs était égarée. Chacun s'empressait à la chercher. Le roi, qui cherchait aussi, aperçoit un papier réglé qui dépassait le fauteuil sur lequel était plantureusement installée une dame d'honneur; il lui prend la main, la fait lever et lui montrant la musique :

— Pardon, comtesse, c'est une erreur de votre part : ceci n'est pas écrit pour les instruments à vent. *(Das ist nicht für Blasinstrument.)*

MERCREDI 9 JUILLET. — Quitté Berlin où j'ai chanté en un mois dans huit représentations et trois concerts. Nous partons pour Francfort; à cinq heures, nous couchons à Erfurt.

JEUDI 10. — Levés à deux heures et demie du matin. En route pour Eisenach. Vu, au courant du train de vitesse, le château de Wartburg, dans lequel Luther fut enfermé pendant un an par l'électeur de Saxe, Frédéric; il y traduisit la Bible.

Nous voici donc de nouveau à Francfort, où s'est effectué mon premier début. Ville charmante, entourée de boulevards embaumés, car les villas qui les bordent offrent, à leurs balcons, une ceinture de fleurs qu'envierait une exposition. Ce qui me plaît à Francfort, c'est qu'on peut à chaque instant le quitter et par

conséquent y revenir. Les chemins de fer se
tiennent les uns à côté des autres sur les boulevards et ont l'air de mendiants qui vous sol-
licitent. Mayence, Darmstadt, Heidelberg,
Wiesbade et Hombourg sont à une ou deux
heures de distance. Tous les deux jours, j'a-
vais une représentation dans l'une ou l'autre
de ces villes. A Wiesbade, après la *Dame blanche*, je me disposais à me déshabiller, lorsqu'on
m'a annoncé deux grands personnages, qui
désiraient faire ma connaissance ; j'avais ôté
ma botte droite, et, saisi de respect, je restais
là comme une cigogne, planté sur la jambe
gauche et cherchant à dissimuler l'autre. Les
compliments, c'est agréable, mais la position
était ridicule, et le malheur voulait qu'un de
ces messieurs eût des oreilles comme je n'en
avais jamais vu, des oreilles énormes ; la
lueur du gaz, en les traversant, leur donnait
une teinte rose, qui rappelait les pétales du
géant des batailles. J'avais beau m'en vouloir,
elles attiraient toute mon attention, et me faisaient faire, bien malgré moi, cette sotte réflexion : Que s'il est toujours bon, comme on

dit, d'avoir l'oreille des grands, il ne faut pas que ce soit à ce point-là.

A propos de la *Dame blanche*, il est un rôle qui, en France, passe inaperçu : il n'a que deux lignes : c'est celui d'un paysan écossais qui vient à deux reprises frapper sur l'épaule de Dickson et lui causer une peur affreuse. Dans ce pays, le comparse devient un artiste. Tantôt c'est un grand diable de garçon à l'air hébété et fatal, un géant idiot et sombre, tantôt c'est un Psylb, pâle et maigre, qui semble n'avoir pas un souffle dans la poitrine et qui, après avoir involontairement effrayé Dickson, a lui-même grand'peur de l'habit militaire de Georges Brown. A Francfort, c'est une affreuse tête de nain, bancal et tordu, comme il en passait dans les rêves de Burns et de Walter Scott. Ce n'est pas seulement pour le plaisir de faire une mauvaise charge, mais pour répondre à un besoin très répandu ici de fantastique et de surnaturel ; et puis c'est logique, il faut bien qu'il soit effroyable, puisqu'il fait peur.

JEUDI 7 AOUT. — Nous voici en route pour

Hambourg, ville libre, sur l'Elbe. Notre nouveau domestique, François, est un Suisse qui parle allemand, français, et qui a voyagé avec des Anglais. Cette *polyglottie* va jusqu'à m'inspirer un certain respect à son égard; ça me gênera sans doute, mais comme il appelle mon nécessaire une chatulle, et un commissionnaire un faquin, de l'italien *facchino*, j'espère qu'il ne nuira pas, dans ce voyage, aux élans d'une douce gaîté.

Nous avons descendu le Rhin, et revu ces beaux sites : l'Assmanshaüser, le Johannisberg, et puis le Pfalz, la Loreley, le Chat et la Souris, l'Oberland, le Stolzenfeld, le Rheinstein, jolis crus, qui sentent la pierre à fusil, probablement depuis qu'on s'est tant battu sur leur terroir. Sur le bateau, j'ai fait connaissance avec un courrier du cabinet anglais, Wright, ancien lieutenant dans les Rifflers (carabiniers). Son aïeul a été tué à Fontenoy, son grand-père à Waterloo; et cependant pour la France, qui lui a enlevé deux générations, il est plein de sympathie et d'admiration. Cela fait du bien!

Vendredi 8. — Hambourg, hôtel de Russie avec une vue superbe sur les bassins de l'Alster.

— Ah! sapristi, vous voilà donc enfin! me dit mon directeur, Maurice, un Français qui fait ici ses affaires. Comment? vous partez pour l'Allemagne sans m'en prévenir ; je vais à Paris pour vous chercher et je ne vous y trouve pas ! Je suis furieux, je vais vous intenter un procès; j'ai fait un voyage inutile, les frais d'aller et de retour; je n'ai rapporté de ce voyage, au lieu d'un ténor, qu'un chapeau que j'ai acheté chez Gibus.

— Un chapeau! lui dis-je. Eh bien, de quoi vous plaignez-vous? Vous avez eu des frais, c'est possible, mais aussi avec votre chapeau, vous étiez couvert.

Sur cette calembredaine, nous avons fait la paix; deux Français ne résistent guère à un mauvais calembour.

Je débuterai demain.

Nous avions hâte de voir la ville, non point celle qui a été rebâtie après l'incendie de 1842 et qui ressemble à toutes les villes modernes, majestueuses et ennuyeuses ; mais ce qui reste du vieil Hambourg, une Venise du Nord, une des quatre villes libres, qui, plus importantes au xiiie siècle, ont formé la ligue Hanséatique. Pour un Parisien, pour un artiste amoureux de peinture, c'est un étonnement continuel, ce sont des surprises qui font naître le sourire ou l'admiration. Les rues, étroites et tortueuses, fourmillent de juifs sales et luisants de graisse ; ils ont la saleté naturelle et naïve. La crasse, c'est leur peau, et si vous les regardez un peu trop, ils s'étonnent de votre étonnement ; vous êtes propres, vous êtes dans votre tort, et vous leur faites l'effet d'ignorer le bonheur. Les maisons, en briques rousses, sont comme à claire-voie ; presque pas d'intervalle entre les fenêtres, qui sont, toutes, ouvertes, et en dehors. Celles-ci même ne pouvant se rabattre de côté sur un mur qui n'existe pas, restent suspendues sur la rue, présentant une enfilade de petites vitres verdâtres.

Deux pots de lierre de chaque côté, quelques fuchsias au milieu, et subitement une belle tête de jeune fille juive apparaît dans les fleurs ; vous voyez de grands yeux noirs, des cheveux crêpelés qui frissonnent au vent, des lèvres épaisses, un regard et un sourire provoquants ; alors votre pouls, devenu nombreux, bat la Diane de l'amour, votre esprit s'emballe, vous filez dans le bleu, vous rêvez des combinaisons, vous êtes couronné de roses, et c'est ce moment-là que la rue choisit pour sentir mauvais avec sa plus grande énergie. Tous ces démons huileux, qui sortent des suifs, du cambouis, des poissons fumés ou pourris, déjection et infection vous entrent dans les narines, pénètrent dans votre cervelle, et y déracinent cet échafaudage de branches de jasmin dont vous bâtissiez votre romancero. Fuyons.

Nous voici sur le grand bassin de l'Alster : c'est un enchantement. Nous prenons notre point de vue du large quai, bordé de maisons splendides mais bêtes, et qui se nomme le Jungfernstieg (je mets dix minutes à l'épeler ce nom, je ne suis pas encore assez germanisé pour le trouver coulant). Dans le fond, un moulin à vent, qui a les pieds dans l'eau et le casque pointu dans les nuages, fait tournoyer avec furie ses bras gigantesques. Le beau lac étale sa grande plaque d'argent liquide, incessamment rayée par quelques centaines de cygnes qui se promènent là d'une façon plus orgueilleuse que partout ailleurs ; il y a de quoi ; ils se rengorgent, ils se sentent bourgeois de Hambourg ; l'argent que leurs concitoyens ont dans leurs poches, ils l'ont sur leurs ailes, et puis ils savent qu'ils ont des rentes : une vieille dame, m'a-t-on dit, les a couchés sur son testament. Quelque descendante de Léda sans doute !

Le soir, été voir la danseuse viennoise.

Samedi 9 Août. —Répété la *Dame blanche,* et chanté le soir ; nous sommes allés souper chez Wilkens. Ici on ne monte pas au restaurant, on y descend ; le débit de comestibles, sous le nom de *Delicatessen,* a lieu dans la cave, ou plutôt dans le sous-sol. Wilkens est un original : il n'a pas de carte, ni de prix ; il vous taxe selon son bon plaisir ; si votre figure ou votre profession lui plaît, il vous traite bien et ne vous écorche pas ; mais si vous ne lui revenez pas, il y a gros à parier que son dîner vous reviendra cher d'abord, et puis que vous n'y reviendrez pas.

Nous avons, quoiqu'en août, mangé des huîtres excellentes. Comment cela se fait-il? J'ai toujours cru que les mois privés d'R... étaient pour ces mollusques la saison des amours, ce qui les fait maigrir ; ici elles n'en sont que plus grasses, les sans-cœur? Elles n'aiment donc point? En tous cas, n'ayant point été dévastées par les passions, elles sont exquises ; on les ébarbe, en ne laissant que la noix grassouillette, que l'on vous sert sur la coquille plate, ce qui fait qu'il n'y a plus une goutte d'eau de mer. Erreur fatale !

Lundi 11 Aout. — Fait visite au magasin d'antiquités de Van Herberghen. L'existence de cet homme est curieuse : c'est une espèce de Gobsek à la Balzac, encombrant son magasin de sales et fausses antiquités, qu'il finit par revendre aux étrangers de passage. Méfions-nous ! Quand il a de belles choses, il ne les garde pas longtemps, car il a de grandes rela-

tions ; on dit même que c'est un espion russe,
et il se donne comme correspondant de l'*Indépendance belge*. Il vit seul ; il a l'air d'un vieux
casse-noisettes édenté, et à dîner, son foulard
à tabac étalé sur un genou lui tient lieu de
serviette.

Samedi 16. — Chanté *Robert ;* le premier
acte en allemand, et les derniers en français ;
j'avais appris une mauvaise traduction et dans
la crainte de me tromper, j'ai mieux aimé
recourir à la langue originale. Personne ne m'en
a su mauvais gré ; tous ceux qui fréquentent
le théâtre comprennent ou parlent le français.
Hambourg a été, de 1806 à 1810, chef-lieu du
département des Bouches-de-l'Elbe. On a gardé
bon souvenir de Davoust, qui soutint un siège
mémorable, pendant un an. Ici on ne mange
pas de Français. Je pensais à ce qui arriverait à
Paris, si un artiste étranger, de ceux mêmes
que nous accueillons avec le plus de bienveillance, se permettait de faire une pareille salade de langues. Il est vrai que Paris, c'est
comme autrefois Rome, la ville, *Urbs*, et qu'il

y a des choses qu'on ne vous permet qu'à la campagne.

Lundi 18. — Vu, au Stadt-Theater, la pièce de Tœpfer, *l'Ordre du roi (der Kœnigs Befehl)*. C'est une espèce de scénario fait pour encadrer la figure et quelques traits de la vie de Frédéric le Grand. Le vieux comédien Marr le représente bien, il en a le visage et l'allure. Il y a dans l'ouvrage toute une scène dialoguée en français, mais quel français ! Voltaire, sous le nom du poète, présente au roi une *supplique de protection* en demandant pour son protégé quelque *emplacement* militaire. Le roi refuse.

— Vous êtes de Paris, dit-il à Voltaire, je vous chéris, vous, vos compatriotes, votre langue et votre conversation, mais pour le militaire, il faut vous avouer que je suis bien content de mes Allemands ; sur le champ de bataille littéraire, je vous reconnais vainqueur.

Voltaire. — Vis-à-vis de vous, sire, je ne suis jamais vainqueur, mais si j'avais *vingt cœurs*, vous les posséderiez tous.

Parbleu ! il faut avouer que M. Tœpfer,

avait une singulière idée de notre Voltaire et de Frédéric, même en supposant que ces deux-là s'amusassent à commettre ou à subir des calembours pareils. Ainsi, voilà la conversation qui prélude à l'Encyclopédie, au dictionnaire philosophique, et à toutes les grandes questions religieuses et politiques qui s'agitaient entre ces deux esprits !

Le roi. — Que dites-vous de ma poésie ? C'est l'ouvrage de six jours.

Le poète. — L'auteur n'aurait pas dû reposer le septième.

Le roi. — Elle ne vaut rien ?

Le poète. — Personne n'osera le dire.

Le roi. — Dites, dites, je vous reconnais un des meilleurs auteurs.

Le poète. — Pas des meilleurs, mais le mieux récompensé par votre amitié, sire.

Le roi. — Là ! là ! du sucre sur *les* pilules amères.

Le poète. — Je n'oserais pas *de* vous donner des pilules.

Le roi. — Pourquoi pas ? J'en accepte chaque

jour de mon médecin. Vous êtes mon médecin littéraire.

Le poète. — Vous n'avez pas besoin de médecin littéraire, sire, vos idées n'étant jamais malades, et vos vers *non* boiteux.

Peut-être ai-je tort ; peut-être la tradition a-t-elle conservé tant bien que mal quelques-uns de ces mots. Ils auraient beau être vrais, ils ne sont pas vraisemblables ; et, quant aux mots historiques, nous commençons terriblement à nous méfier de l'histoire.

Mardi 19 Aout. — Hambourg a en ce moment une garnison autrichienne. Chaque matin, nous sommes réveillés par le pas lourdement cadencé des régiments qui arpentent la ville en tous sens ; ils ont l'air d'entrer et de sortir plusieurs fois de suite par la même rue comme cela se pratique dans les pièces militaires pour faire croire à un plus grand nombre, mais c'est une supposition qui ne soutient pas le raisonnement.

Je suis allé au champ de Mars, qu'on appelle ici le champ du Saint-Esprit, voir la parade, huit mille hommes. Les feux de bataillons manquaient d'ensemble, mais les hussards blancs à housses rouges faisaient un charmant effet.

Je ne peux pas m'habituer au maigre son de leurs tambours; on croirait entendre frapper sur des assiettes cassées. C'est le résultat d'une réforme, dit-on, car on a adopté de petits tambours plats et légers, qui n'embarrassent pas la course et ne fatiguent pas leur homme. Je ne sais si on en arrivera là chez nous, mais je leur préférerai toujours nos gros tambours ronflants, qui résonnent rondement comme le rugissement des lions et vous introduisent le roulement du tonnerre dans l'estomac.

A propos de tambours, je lis Henri Heine, le plus français des poètes allemands, et j'y ai rencontré une... fantaisie charmante; l'envie m'a pris de la traduire. La voici :

LE TAMBOUR-MAJOR

Quoi ! C'est là le tambour-major !
Pauvre vieux ! Du temps de l'Empire,
C'était une fleur, un sourire !
Peut-on le reconnaître encor ?

Quand, balançant sa canne énorme,
Il faisait, aux feux du soleil,
Briller d'un éclat sans pareil
L'argent de son grand uniforme, —

Lorsqu'au roulement des tambours
Il entrait dans nos capitales,
Le beau sexe, d'ardeurs fatales,
A son aspect brûlait toujours !

De lui toutes étaient gourmandes,
Il venait, voyait, triomphait !
Et sa moustache s'inondait
De vos pleurs, ô mes allemandes !

Terrible temps où l'on voyait
L'Empereur maître par ses armes !
Le tambour-major par ses charmes
Était maître aussi ! Tout ployait !

. . . .
. . . .

Tous deux ont payé leurs forfaits !
Triste fin d'une grande histoire !
L'Empereur, après tant de gloire,
Vint tomber aux mains des Anglais !

Ils ont sous le poids de leur haine
Rivé le lion à l'Occident,
Et du cancer l'horrible dent
Parvint seul à ronger sa chaîne.

Le beau tambour, penser cruel !
A vu pâlir sa destinée,
Homme de peine, à la journée,
Il travaille dans notre hôtel.

Il puise l'eau, porte la hotte
Par les escaliers, bien des fois !
Il tousse, en nous montant du bois,
Et son vieux chef blanchi tremblotte.

Lorsque l'ami Fritz vient le voir,
Il ne peut s'empêcher de rire
De ce long héros de l'Empire,
Dont la mine est burlesque à voir. —

Assez ! fils de la Germanie !
Te sied-il bien d'être mauvais,
Et d'accabler le vieux Français
De ton implacable ironie !

Crois-moi, cher Fritz, sois moins cruel !
Ce vieillard que l'on exaspère
Peut-être bien est-il ton père
Du côté maternel !!!

MERCREDI 13 SEPTEMBRE. — Dîné avec Marr
et Cornet à l'hôtel Saint-Pétersbourg ; — ce
dernier, ancien ténor allemand, est un homme
de mérite, qui avait compris de bonne heure la
nécessité d'aller à Paris étudier l'école fran-

çaise au point de vue du drame et de la comédie
lyrique. Il a, comme directeur et artiste, à
Vienne, à Hambourg, etc., exécuté avec succès
nos opéras-comiques du bon temps de Boïeldieu,
d'Hérold et d'Auber, mais il n'a pas eu d'imitateurs. Quoique doué d'une voix qui lui permettait d'aborder le grand genre, il savait que
l'art lyrique ne consiste pas à donner avec plus
ou moins de bonheur tel ou tel son, mais que
la sonorité doit toujours être l'humble servante
de l'idée.

Les chanteurs allemands, plus encore que
les nôtres, depuis Duprez, ont tout subordonné
à la voix, non dans la variété intelligente de
ses timbres, mais dans la puissance uniforme
de son émission. Dans ce pays où la philosophie a si souvent quitté la terre pour se perdre
dans les nuages, l'art du chant est resté attaché
à la matière. Les Allemands ont, dit-on, le
culte de l'art, c'est possible, mais ils me font
l'effet de délaisser le dieu pour adorer le temple, et c'est encore plus la faute des artistes
que celle du public.

Certes, celui-ci applaudit chaudement au cri

poussé à la fin d'un morceau dont le milieu aura peut-être été médiocrement exécuté; mais si j'en juge par le succès qui me récompense quelquefois, lorsqu'au lieu d'un cri je donne une idée, non par impuissance, mais par conviction, je dois croire qu'il y a dans le public allemand le terrain propre à recevoir le bon grain.

Il faut donc forcer les artistes à chanter comme peignent les Hollandais et les Flamands. Je leur dis toujours : Voyez nos grands peintres! Est-ce que, pour plaire et frapper, ils n'emploient que des tons criards? Tout n'est-il pas fondu avec une admirable entente des demi-teintes, et, lorsqu'une lumière vient à se détacher, ne sort-elle pas cent fois plus vive et plus chaude des tons bistrés qui l'entourent?

Nous sommes tombés d'accord avec Cornet sur ce point qu'il est plus facile de crier fort que de penser juste. Cette fois-ci, contre mes habitudes, je me suis laissé emporter au courant de la conversation et j'y ai pris part, moi qui n'y brille guère ; je sais que je ne suis pas de ces hardis parleurs qui marchent sans broncher sur la corde raide du raisonnement, et exécutent les sauts périlleux du paradoxe ; seulement je sais écouter et je fournis le tremplin; avec moi, sur un mot, un homme d'esprit trouvera toujours à rebondir. C'est ma seule ambition.

JEUDI 11. —A mon départ de Hambourg, les artistes du théâtre, M. et Mme Marlow et leur amour d'enfant, les frères Maurice, le pianiste Elliott et mon cher Marr, le grand comédien, m'ont accompagné à la gare. Cette troupe lyrique de Hambourg que je quitte ne me laisse que de bons souvenirs. Elle possède le plus beau trio d'anabaptistes que j'aie entendu, Kaps, Lindemann et Schütky. Quelle voix et quelle sûreté.

Le sifflet de vapeur a donné le signal. Nous roulons... Je pense encore à ces braves artistes qui m'ont secondé, à Mme de La Grange que j'ai eu la bonne fortune d'avoir ici pour Fidès. Elle est de la race des grandes chanteuses, elle a le style et la voix, le travail et l'inspiration ; il est malheureux que Paris ne l'ait pas gardée plus longtemps. Elle a débuté à l'Opéra, il y a trois ans, mais la taille alourdie par des espérances qui pouvaient faire prévoir qu'elle serait dans peu une excellente mère, comme elle l'a prouvé depuis dans le *Prophète*.

Pendant une dizaine de lieues, la route est jolie, le paysage ombreux et accidenté, mais on n'est pas plus tôt en Prusse qu'on ne voit plus que de rares bouquets de sapins, et puis du sable et toujours du sable! Un maigre seigle fait ce qu'il peut pour promettre une récolte, mais il est si espacé que, bien sûr, jamais un couple d'amoureux n'y viendra chercher le mystère et le silence. La tâche de garde-champêtre y serait trop facile.

Que faire en son wagon à moins que l'on ne songe !

Et j'ai songé. Les souvenirs d'enfance me sont revenus en foule. Me voici arrivé à une époque heureuse de ma vie, puisque je suis aujourd'hui ce que j'ai voulu être. — Petit-fils, par ma mère, de Corsse, l'ancien artiste et directeur de l'Ambigu, qui avait fait une fortune considérable avec une pièce restée célèbre, *Madame Angot au Sérail*, je venais de naître au moment où il s'éteignit. J'avais huit jours lorsque je lui fus apporté à son lit de mort. Il m'embrassa et il mourut. J'ai toujours pensé qu'en recevant son dernier soupir, j'avais recueilli une partie de son âme et que je lui devais ma vocation.

Je devrais dire une de mes vocations, car j'en ai compté jusqu'à trois. D'abord j'avais appris à lire dans *Robinson Crusoé*, et je le dévorais, ce livre, qui m'a donné le goût des voyages, de la chasse et des aventures. Robinson est un livre dangereux. Je me suis cru longtemps destiné à découvrir un autre Nouveau-Monde : la Terre me devait une Amérique, je ne rêvais que nègres, que cannibales écrasés par mes carabines. Être habillé de peau de chèvre, un perroquet sur le doigt, un parasol sur le dos, quelle vie ! mon Dieu ! quel idéal !

Ma seconde vocation était d'être artificier ; celle-ci comme la première sentait encore la poudre ; presque tous les enfants ont fait ce rêve ; on commence par se figurer que le seul bonheur dans la vie consiste à tirer des pétards, et l'avenir bien souvent ne vous permet d'allumer que des fusées... qui ratent.

Cette vocation a peu duré.

Quant à celle du théâtre, elle a été tenace ! Orphelin à dix ans, j'étais destiné au notariat par mon tuteur qui était aussi mon oncle. Ah ! le digne, l'excellent homme ! comme il m'aimait, et, quoique j'en eusse une peur affreuse, comme je me le rappelle avec attendrissement ! Sitôt que je fus sorti de Louis-le-Grand, avec le grade de bachelier ès lettres, il me confia, en qualité de quatrième clerc, à maître Foussier, avoué, rue de Cléry. Son fils, Édouard Foussier, est devenu poète ; comme moi, il a suivi sa vocation, mais la mienne, comment la faire connaître à mon tuteur ?...

Agréé au tribunal de commerce, il n'aimait pas le théâtre. Il ne faisait d'exception que pour les Italiens, où il allait une fois par semaine. Ah ! les pauvres comédiens n'avaient pas beau jeu avec lui ! Sa verve caustique leur était impitoyable. Mais il fallait bien arriver à lui avouer mon fatal secret ; j'étais fatigué et honteux de rester de 9 heures à 5 heures à copier des rôles, qui n'étaient pas précisément ceux que j'ambitionnais. Un beau jour, je pris mon courage à deux mains ; je me décidai à faire des aveux.

— Ah ! tu veux être au théâtre? me dit-il.

Il me mena silencieusement devant une grande glace.

— Mais regarde-toi donc ! tu n'as rien de ce qu'il faut pour cela, tu es petit, tu es maigre...

— Mais mon oncle, je grandirai ; je t'assure que j'engraisserai ; je te le promets.

Je n'ai que trop tenu parole.

— Ah çà, insensé, comment veux-tu remplacer Rubini? Tu n'as pas de voix.

— Rubini? mais je n'ai pas le moins du monde l'intention de le remplacer, moi, je n'y ai jamais songé.

— Eh ! que veux-tu donc faire, alors?

— Jouer les Achard ou les Frédérick Lemaître.

J'avais dix-huit ans !

Il y eut un moment de silence terrible !

— Ah! tu veux être comédien! Tu crois sans doute que c'est un état de paresseux et tu veux le prendre. Mais c'est le pire de tous, mon cher, quand on n'est pas au premier rang. Pour y arriver, il faut un travail incessant, et il faut encore la chance, qui a souvent plus d'influence sur l'avenir que le talent... Puis, quand vous êtes devenu célèbre, vous vous croyez à l'abri des vexations, du ridicule même. — Sais-tu ce qui est arrivé à Gontier, le fameux Gontier, qui faisait la fortune du Gymnase?

— Non.

— Un beau jour, il lui prit envie d'abandonner le théâtre qui avait fait sa gloire et de s'engager sur une des scènes du boulevard du Temple où il trouvait de meilleurs appointements. Son engagement, mal fait et tout à l'avantage du directeur, comme cela arrive toujours, et comme cela t'arrivera, ne portait pas qu'il serait libre de refuser les rôles qui ne conviendraient pas à son talent.

Le premier qu'on lui offrit fut celui de *Jonas avalé par la baleine*.

Gontier, furieux, voulut faire un procès :

il vint me trouver et me prit pour son agréé. J'ai dépensé des trésors d'éloquence pour prouver au tribunal que l'intérieur d'une baleine n'était pas la place d'un premier rôle, qu'il y avait danger pour lui d'être avalé par un gosier que l'on sait être étroit, et peu d'honneur à en sortir par où tu devines.

Rien n'y fit. Il perdit son procès et pendant un nombre considérable de représentations, Paris put voir son idole, le beau Gontier, violemment englouti dans le ventre d'un cétacé, machiné en travers du théâtre, mammifère transparent pour laisser voir Jonas guetter, au passage, des harengs de carton qu'il faisait frire dans une poêle. Tu trouves que c'est absurde, hein? Comment expliquer la présence d'une poêle en ces lieux? Une digestion arrêtée, sans doute; eh bien, absurdité, ridicule, harengs et couleuvres, le grand artiste a été obligé de tout avaler. Et ce n'est qu'un exemple entre mille.

Maintenant, si tu persévères dans ton idée, si tu as du goût pour les harengs de carton, va, mon garçon, je ne te retiens plus, fais ce que tu voudras ; mais comme je ne veux pas encourager ta folie, tu ne recevras plus de moi que soixante-quinze francs par mois jusqu'à ta majorité ; avec cela tu pourvoiras à ton logement, à ta nourriture, tu auras des chapeaux de Bandoni, des bottes de Sakoski, et, si tu as un peu d'ordre et d'économie, tu pourras entretenir des actrices.

J'étais atterré.

Huit jours après, je répétais *la Demoiselle à marier* au théâtre de la rue Chantereine.

10 SEPTEMBRE 1851. — Retour à Berlin, et le lendemain la *Dame blanche*.

DIMANCHE 14.—J'ai entendu ce matin un petit Russe de douze ans qui, sans avoir jamais pris de leçons, joue du violon avec une facilité merveilleuse. Il chante aussi des airs de son pays. Ses gammes sont liées, ses trilles bien battus à la note supérieure, jamais en dessous ; c'est chez lui par instinct ; il nous causait une singulière impression avec sa figure pâle, ses grands yeux doux et clairs et sa petite redingote de velours noir. Il y a là certainement le germe d'une organisation puissante ; en voyant cet enfant, on se prend à rêver pour lui une de ces destinées romanesques dont s'inspire l'imagination de George Sand ; il a l'air d'un petit sauvage. J'ai envie de l'emmener à Paris, je le ferai entrer au Conservatoire.

Ma femme l'a conduit à l'Opéra. Je jouais le *Prophète* ; la salle était étincelante de diamants et de lumières ; il était tout ébahi ; au 4ᵉ acte, j'ai été pris d'une hallucination singulière ; je subissais un des vertiges fantastiques d'Hoffmann.

La couronne en tête, le manteau impérial sur les épaules, je me suis cru, pendant un instant, véritablement prophète et roi. Oh ! le bel art ! et que je l'aime, ce théâtre, qui de nos royautés factices parvient à nous en faire une réelle !

Mardi 16 Septembre. — L'homme qui m'avait amené le petit Russe est venu me dire que le père consentira à le laisser partir pour Paris avec moi, mais qu'il désire l'accompagner, que

15.

je me chargerai de lui et de sa famille ! Il a
huit enfants ! Alors il faut que j'y renonce, je
ne peux raisonnablement pas rentrer à Paris
avec huit petits Russes derrière moi ; je me
ferais remarquer ; j'aurais l'air du père Gigogne!
— Et puis enfin, je ne suis pas logé pour ça.

La représentation de ce soir *(les Huguenots)*
a eu bien de la peine à marcher. La Tucrek
(Marguerite) se prétendait indisposée, mais elle
ne l'était que contre Mme Koester (Valentine)
dont la position l'offusque. J'ai enfin chanté
Raoul avec cette fameuse Koester dont on fait
ici le plus grand cas.

Elle a de véritables qualités, elle est toujours
en scène ; elle a une physionomie et des gestes
expressifs, mais son talent présente une singulière anomalie ; tandis que son jeu est juste,
son sentiment musical est faux, non comme
intonation, mais comme style et conduite de la
phrase.

Là où l'action exige un mouvement vif et
fort, elle en met un lent et doux. Elle semble
se plaire à déranger toutes les traditions.
L'oreille déroutée et l'intelligence contrariée

font que l'on se demande, pour accepter la haute réputation de l'artiste, si de tels écarts ne sont pas le résultat de combinaisons savantes que l'on n'a pas comprises du premier coup ; mais comme ce qui est vrai doit être facilement compris par tout le monde, on finit par se convaincre que ce n'est qu'un artifice. Elle a de la chaleur, de l'aplomb ; elle se possède ; il ne lui manque qu'une chose, la vérité.

J'ai du reste souvent remarqué qu'au théâtre, l'idée la meilleure, timidement rendue, passe pour une maladresse. Un effet faux, hardiment présenté, a bien des chances pour plaire, mais il faut tâcher de ne pas manger de ce pain-là. Monsieur G. Roger !

JEUDI 18 SEPTEMBRE. — Dresde. Nous prenons à 10 heures un *Équipage* pour visiter la ville. — Pardon de ce mot, j'ai l'air de vouloir faire de la poussière, mais ici les voitures publiques, les fiacres, se nomment équipages. Il est vrai qu'ils sont pleins de majesté, remarquablement larges et doux dans leurs ressorts et dans leurs prix : dix sous à peine la course ;

enfin tout à fait dignes d'une capitale. On n'en peut pas dire autant partout.

L'aspect général de Dresde est plus gai que celui de Berlin. Les rues, sans être trop étroites, ont des sinuosités et de vieilles maisons qui rompent la monotonie qu'offrent nos villes modernes, si uniformément tirées au cordeau. — Nous sommes logés sur le vieux marché et nous avons été frappés de sa ressemblance avec nos marchés parisiens. — Les paysannes sont mises comme nos dames de la Halle, mais je suis sûr qu'elles n'en ont pas le bec affilé et les ripostes hardies.

Les passants ont un air parisien qui nous donne de la gaîté ; à chaque coin, des marchands de curiosités, d'antiquités, et un musée ! Je vais avoir du bon temps.

A la répétition, j'ai été présenté à mes nouveaux camarades, M. et Mme Krebs, entre autres. Je les ai connus à Hambourg, il y a deux ans. Le mari est un célèbre directeur d'orchestre. Quant à la femme, elle chante. enchante et enfante.

On me présente aussi à Mlle Lagrua, née d'un père sicilien et d'une mère française, belle brune aux yeux italiens, à l'air à la fois libre et distingué ; elle est engagée à Paris pour la saison prochaine. Je l'aurai pour Valentine.

DIMANCHE 21 SEPTEMBRE. — Hier le *Prophète*. A mon réveil, j'ai été agréablement surpris par l'envoi d'un bouquet de roses avec une lettre, contenant des vers à ma louange. Ils m'ont paru jolis, ces vers, et je sais bien pourquoi. C'est une rude bouffissure d'amour-propre que de les traduire. — Mais bah ! on n'est pas ténor pour rien.

21 Septembre.

« Le 21 septembre est le premier jour de l'automne, saison qui voit mourir les roses. »

L'Eté vient de s'enfuir avec sa chaude haleine.
Pauvres fleurs, nous voulions refermer notre sein
Pour rêver au printemps, aux amours qu'il ramène,
Quand un chant dans les airs a retenti soudain !

Est-ce le rossignol dont nous pleurions l'absence ?
Dîmes-nous. C'est bien lui, son chant rempli d'amour !
Le printemps nous revient ! Et de nos cœurs s'élance
Notre plus doux parfum pour fêter son retour.

Mais non ! ce n'était pas le chantre du mystère.
Le bois était muet à ce réveil des fleurs.
Ami ! c'était ta voix qui, fécondant la terre,
Nous rendait à la fois l'encens et les couleurs !

Reçois donc nos parfums, qu'Automne nous enlève.
Roses, qu'un jour encore elle a fait refleurir,
Nous venons sur ta lèvre, où naquit notre rêve,
Une dernière fois, pour t'entendre... et mourir.

Ah ! ça fait du bien ! il y avait longtemps que je n'avais pincé ma guitare. Il y a peut-être là quelques rimes qui ne sont pas très riches, mais en voyage... il faut savoir borner ses dépenses.

1ᵉʳ Octobre. — Visite au Musée ; j'en suis sorti écrasé d'admiration. Pour avoir trop voulu voir, je ne sais plus ce que j'ai vu. — Je suis pourtant resté en extase devant la Madeleine du Corrège, la belle pécheresse aux seins blancs, à peine contenus par la draperie bleue qui les presse ; ce n'est pas une peinture religieuse, il s'en faut, et j'ai dû longtemps mortifier mon esprit devant l'admirable, mais froide vierge d'Holbein pour pouvoir oublier cette forme angélique, mollement imprimée sur sa couche de gazon, et d'où semble rayonner une atmosphère embrasée qui dore toute la toile.

J'ai vu des Metzu, des Mieris, des Gérard Dow, toute la bande brillante et creuse des pignocheurs. Je n'ai fait que passer, et ne m'en souviens plus. C'est que, tout en admirant l'habileté des procédés, mon cœur ni mon esprit ne sont ni émus ni intéressés ; j'aime la peinture, je ne suis pas peintre. J'aime les belles armes, les beaux velours bien rendus, les beaux chaudrons, etc... Je préfère une idée.

Aussi quand j'arrive devant la vierge de Raphaël, celle qu'on appelle la Madone de Sixte, tout en moi est satisfait. Elle vous arrête, cette grande femme au regard bon et fier, si bon, parce que c'est celui de la Mère, si fier à cause de l'Enfant qui a l'air de trôner sur les bras qui le portent. Quant aux yeux de Jésus, rien n'en peut rendre la merveilleuse expression. Sans cesser d'être ceux d'un enfant, ils sont surtout les yeux du maître du monde. —

Ils vont droit dans les profondeurs de l'infini,
qui alors s'y reflète. Ce sont deux temples ouverts, que ces yeux! Il n'y a pas à dire, un
Dieu est là !

Une pareille œuvre confine à tout, Histoire
et Religion, Philosophie, Révélations et Mys-
tères. Elle agite des questions, touche à tous
les problèmes.

Lundi 22 Septembre. — J'ai chanté avec in-
finiment de peine, par suite du maudit rhume
que j'ai gagné en arrivant ici. Je n'ai jamais
eu moins de voix; cependant l'irritation a passé
vite, grâce à l'aconit et au phosphore homéo-
pathique. C'est une mauvaise soirée, mais le
public est bon; il me juge plus sur les inten-
tions que sur l'effet, et il fait à Georges Brown
une ovation.

Emile Devrient, le tragédien célèbre, m'a
apporté dans la journée un album; c'est une
maladie qui sévit sur la nation allemande que
cette manie de l'album; tout le monde en a un
ou plusieurs; j'ai vu des bottiers m'apporter leur
facture avec leur album, en me priant d'y ins-

crire mon nom, un bon souvenir, ou même une poésie. — Que diable mettre sur l'album d'un bottier? — Louer sa marchandise?

Le cuir en est parfait! La semelle, la tige,
L'empeigne, le talon! C'est un rêve, un prodige!

Vous croyez peut-être que vous pourrez faire diminuer la facture? Pas du tout.

Toujours est-il que j'ai trouvé sur l'album de Devrient, ce senton en trois phrases :

Tout lasse!
Tout casse!
Tout passe!

Et j'ai mis au-dessous :

Tout lasse? Oh! non, Monsieur, si votre cœur l'ignore,
Pour l'Art et pour le Bien, rien ne doit nous glacer.
Rachel et Devrient, vous que le monde adore,
Irait-on vous revoir et vous entendre encore,
        Si tout devait lasser?

Tout casse? Il est trop vrai! Je le dis avec peine,
C'est un cruel dicton qu'on ne peut effacer.
Et notre République, et les biens qu'elle amène,
Et ma voix de ténor avec ma porcelaine,
        Tout doit un jour casser!

Tout passe, dites-vous ? Ah ! que Dieu vous entende '
A prix d'or, avec soin, je voudrais entasser
Vos émaux de Meissen, votre Sèvre allemande,
Au nez de la douane, et sans payer d'amende,
Si tout pouvait passer !

Mais pourquoi cette abondance de poésie. L'Elbe est-il l'Hippocrène ? Cela va finir, j'espère ! Je ne suis pas de force à écrire un voyage dans le genre de celui de Chapelle et Bachaumont.

— C'est une bêtise que de faire des vers, me disait un jour Théophile Gautier, mais c'est si amusant !

1ᵉʳ Octobre 1851. — Partis pour Pilnitz, où est située la propriété du baron de Lüttichow, intendant du théâtre de Dresde. On passe l'Elbe sur un pont volant. — Le jardin est admirablement situé, adossé à la côte toute boisée de sapins d'un aspect sauvage ; on a pour bornes à l'horizon les montagnes de la Suisse saxonne. — Le devant de la maison est égayé par une tonnelle italienne garnie de vigne vierge. — L'automne a déposé sur ses feuilles une admirable teinte rose qui dans quelques jours passera au rouge vif. M. de Lüttichow m'en a promis des boutures.

L'intérieur de la maison ne répond pas à la fortune du propriétaire, cela se rencontre souvent en Allemagne. Est-ce simplicité patriarcale, est-ce manque de goût ? Je ne résous pas. On entre dans un grand salon sans tentures, les murs sont recouverts d'un recrépissage violet tendre et couronnés au plafond par quelques acanthes ou grecques ennuyeusement roses...

Ce désert n'est habité que par deux fauteuils, six chaises, véritables vieilles filles qui montrent leur petites jambes à un grand sécot de canapé pendant que, sur le chambranle de la porte, s'allonge une terrible chose, un boa constrictor ! c'est le cordon de sonnette. Quel cordon ! un vrai serpent de perles, de franges et de cristal ! Pourquoi tant de luxe dans le signe du commandement lorsque chez nous la sonnette se dissimule ? Il y a là un des traits qui distinguent les deux nations.

Un grand poêle de faïence, montant presque

jusqu'au plafond se dresse devant vous dans un angle avec un faux air de cénotaphe éploré. L'on a envie de s'agenouiller, et l'on cherche malgré soi le « Ci-gît » ou le « *Hic jacet* » d'usage. Ajoutez à cela que l'on brûle assez généralement une résine dont la fumée, à l'odeur d'encens, se combine avec le dessin ogival des stores d'un bleu séraphique et engage peu à peu l'esprit sur la route de la théologie, station qui n'est pas sur la carte du Tendre. A l'idée d'habiter ces lieux, il me semble que mes cheveux s'allongent en se rangeant derrière mes oreilles et qu'il me pousse sur le nez... des lunettes de professeur allemand.

Décidément il faudra que je retourne bientôt en France.

IX

PARIS

Mercredi 5 Novembre 1851. — Je rentre à l'Opéra dans la *Reine de Chypre*. Je jouerai dimanche *Robert*. Nous allons répéter les *Huguenots*, la *Favorite*, le *Prophète*, l'*Enfant prodigue*, *Guillaume Tell*. Trop de travail pour penser à mon carnet...

31 Mai 1852. — Nous partons demain une troisième fois pour l'Allemagne. Krüger, le pianiste, nous accompagne. C'est lui qui a été l'intermédiaire de M. le baron de Gall dans l'affaire de mon engagement.

X

TROISIÈME VOYAGE EN ALLEMAGNE

Vendredi 4 Juin 1852.—Nous sommes depuis hier à Stuttgard. L'aspect de la ville est patriarcal ; c'est bien une bonne ville allemande, comme on s'en fait idée d'après Hoffmann, Kotzebüe, etc... Tranquille, propre. Du lierre aux fenêtres, des soldats qui ont l'air de faire l'exercice, des professeurs crasseux qui se promènent dans les jardins de Sa Majesté, des pigeons dans les rues, comme à Senlis. On voudrait y passer toute la vie avec Gretchen. Nanon y mourrait au bout de huit jours. Se peut-il qu'avec l'apparence d'une si grande honnêteté, cette ville renferme des voleurs ?

C'est ce qu'on assure à Fanny : elle le croit et ne dort plus. Nous avons avant-hier traversé un bout de la Forêt-Noire. Je crois que l'ombre de Schinderhannes lui sera apparue ; les portes ne ferment pas à son gré, elle craint pour son linge, les clefs font de mauvaises plaisanteries dans les trous des serrures : tantôt une seule clef ouvre tous les tiroirs, tantôt un tiroir résiste à toutes les clefs qu'on lui présente, ce n'est pas naturel.

Le soir, les *Huguenots*. Magnifique succès. Voix riche et facile. Rappelé après chaque acte, et deux fois après le quatrième. Le prince royal et sa femme, la belle princesse Olga, ont retardé leur voyage à Schlangenbad pour m'entendre ; ils assistent à la représentation. Soupé avec Kucken et les frères Krupper.

DIMANCHE 6. — Après la répétition du *Prophète* avec l'orchestre, les dames Dreyfus viennent nous chercher en voiture et nous conduisent à Cannstatt, jolie petite ville où l'on prend les eaux minérales. Avant d'y arriver, on traverse le parc royal. Nous sommes bien heureux de tant de verdure. Les jardins allemands sont de vrais jardins; il y a de l'imprévu, du mal peigné, de la solitude, de grandes ombres et surtout des prairies, de l'eau, des cygnes. On y voit deux beaux groupes d'hommes et de chevaux qui ont un peu le mouvement de ceux des Champs-Elysées; ils ont été faits sur nature vivante; les modèles des chevaux ont été pris dans les étalons arabes du roi qui est très soigneux de ses haras.

Nous sommes donc arrivés à Cannstatt avec deux voitures. Mmes Roger, Dreyfus, Émilie et moi dans la première; Krüger, Küchen, le maître de chapelle, le jeune Dreyfus, et une de ses sœurs dans la seconde. Nous descendons au milieu d'une place d'arbres sous lesquels boit et fume une société aussi nombreuse que mêlée. Ah! ils ont, dans ce doux pays d'Allemagne, des plaisirs bien innocents. Ils ne demandent pas autre chose à la nature que ce qu'elle peut leur donner d'ombre, de ruisseaux, de points de vue. La musique de cuivre joue dans un bosquet, les arbres cachent les musiciens, attention délicate pour leur toilette, car ce sont des militaires en bourgeois allemands. En général, la toilette ici est peu soignée. Fanny passe pour une princesse inconnue, avec son cachemire ponceau brodé. Nous gagnons une hauteur, je donne le bras à Émilie. jolie blonde mutine que M. Segalas a surnommée le Bouton de Rose.

La vue est superbe. Rencontré là-haut le frère du prince de Hohenlohe. Rentré vers dix heures.

LUNDI 7.—Raccord à 11 heures pour tous les accessoires. Nous dînons à midi, puis nous partons pour la Wilhelma, bains mauresques bâtis dernièrement par le roi qui y a consacré trois millions, ce qui a un peu fait crier le populaire ; mais au moins le roi a créé là un petit bijou d'habitation comme voudraient en posséder de plus grands princes. L'entrée en est fort difficilement permise, mais j'ai eu une carte par les soins de M. de Gall ; il a eu la bonté de la demander pour moi au roi qui l'a fait envoyer de Baden, où il réside actuellement.

Ce petit bijou est un pavillon contenant : vestibule, chambre à coucher, salon de peinture, salle de bains, grand salon, et boudoir ; le tout peint et décoré dans le style de l'Alhambra. De chaque côté du salon principal s'étendent deux galeries vitrées, charmants jardins d'hiver et serres chaudes au bout. Le salon de peinture a deux jolis tableaux d'Horace Vernet : *l'Arabe en prière à l'ombre de son chameau* et *le Messager dans le désert;* il a aussi deux beaux effets de simoun de Frey, de Munich. La devise royale est inscrite en arabe sur les murs.

La salle de bal est séparée du principal corps par un jardin et un bassin d'eau jaillissante. La gerbe du jet d'eau donne de l'eau naturelle et un champignon au-dessous verse de l'eau minérale.

Chanté le *Prophète*. Bonne voix, surtout à la fin, car la chaleur m'a un peu incommodé au deuxième acte.

MARDI 8 JUIN. — Retourné au Krüger pour voir les serres de Wilhelma, et passé la soirée chez les Dreyfus. Toute la famille est musicienne : le père compose et joue du piano, la mère chante ; les deux filles chantent et composent ; le petit dernier joue du violon.

Sontheim, le ténor du théâtre, a chanté d'une voix magnifique un air de *Martha* et une mélodie composée par une des filles de la maison. Moi, je chante la romance de la *Favorite* et le *Lac*. On m'a présenté M. Charles de Miller, vieil allemand qui a vécu trente ans en France.

VENDREDI 11. — On m'envoie dire que, Mme Owitz Steman étant malade, l'on ne peut donner la *Dame blanche*. J'en suis ravi.

Nous profitons de notre journée pour aller avec les dames Dreyfus voir la villa du Prince héréditaire. Ici ce n'est point comme à la Wilhelma. Si l'on y a dépensé beaucoup d'argent, on y a mis peu de goût. Les peintures sont celles de nos cafés prétentieux de Paris, avec un air Empire de plus ; la salle de bal est resserrée par de grosses colonnes, la salle à manger ornée de marbres noirs et blancs d'un aspect funéraire. M. Lems qui nous accompagne, et qui s'entend accuser de manquer d'invention en convient gentiment et se promet de changer bien des choses, car tout cela, à dire vrai, est encore en construction.

SAMEDI 12.—Visite à Hacklander. Sa villa est sur une hauteur d'où l'on a peut-être une plus belle vue que de la villa du prince Carl. C'est un petit chalet soutenu par de petites colonnes qui ont fait partie de l'ancien théâtre de Stuttgard.

L'architecte qui le bâtit en fut tellement content qu'il monta sur le faîte, contempla d'en haut son œuvre avec satisfaction et se jeta en bas, en disant qu'après une telle création il n'y avait plus qu'à mourir. Le lierre et la vigne grimpent autour de ces colonnes et font ainsi une charmante habitation à l'auteur dramatique que l'on m'a dit être le Scribe de l'Allemagne, moins la fécondité.

Fanny s'extasie sur une espèce de rose simple à pétales foncés. J'ai toutes les peines du monde à lui persuader qu'on fait venir de Paris les plus belles roses. On en fait bien venir les ténors ! A Paris, on invente tout, on trouve tout, mais on ne se sert de rien. A l'étranger, tout nous frappe, tout a un caractère de nouveauté qui nous rend fort penauds quand nous apprenons que cela vient de chez nous.

MARDI 15. — J'ai reçu de Hambourg une lettre m'annonçant que j'y pourrai passer les dix derniers jours du mois. Je cours télégraphier mon acceptation et je touche du théâtre trois mille deux cents florins. Je n'ai chanté que quatre fois en quinze jours. Ici, j'ai perdu mon temps.

MERCREDI 16. — La famille Krüger nous accompagne au chemin de fer. Je suis désolé de quitter ce brave Krüger, notre compagnon depuis quinze jours. Heureusement il doit nous rejoindre à Berlin.

Nous faisons route avec Despléchin, le peintre de l'Opéra. Nous prenons le bateau à Heilbronn. Arrêt à Heidelberg, où nous nous dépêchons de visiter le château. Nous voyons la fameuse tonne qui n'a été pleine que trois fois, hélas! ajoute le guide. Longue de trente-six pieds, large de vingt-quatre, elle contient deux cent trente-six foudres. En face, dans la même cave, est la statue-charge du fou du roi qui a été plein plus de trois fois, lui, car il ne se couchait jamais sans avoir ses dix-huit pintes sur l'estomac.

Despléchin est bien heureux ; il va pouvoir rester et visiter à son aise la cour et l'extérieur du château de Frédéric. Quant à nous, il faut que nous partions.

En arrivant à Darmstadt, je me disais : « Il serait piquant de rencontrer le petit papa Schlosser au débarcadère, où le train ne s'arrête que dix minutes. » Je sors du wagon pour me délier les jambes un instant, et je tombe dans les bras du père Schlosser, qui me couvre de baisers véritables, suivant la déplorable habitude des allemands attendris.

Ici on ne s'embrasse qu'entre gens du même sexe, et j'ai bien de la peine à m'y faire.

En faisant mes adieux hier à la famille Dreyfus, j'ai pris un air contrit et j'ai proposé à la mère de lui donner le chaste baiser du départ. Rougeur subite et refus péremptoire. J'en ai été pour mes frais d'amabilité et mes avances de lèvres, juste punition de mes secrètes pensées. Ses quatre filles étaient là ; j'espérais, commençant par la mère, pouvoir faire chapelet et égrener ce collier de perles blanches et roses. Monsieur Roger ! Vous...

Mais, en revanche, les hommes vous embrassent sur la bouche comme du pain. Donc, après avoir reçu l'accolade du bon kapelmeister Schlosser, nous sommes repartis pour Francfort.

Descendus à l'hôtel de Russie, nous soupons avec Muhling et Mech qui sont désolés que je ne m'arrête pas.

JEUDI 17. — A Manheim, nous avons pris le bateau à vapeur, le Loreley, société de Düsseldorf. Une déception nous attendait à Cologne On ne tire plus le canon pour faire entendre l'écho du Loreley ; il paraît que cette petite satisfaction à la curiosité des voyageurs coûtait au gouvernement prussien huit cents thalers ; vingt-cinq ou trente coups de poudre par jour.

logement et paye du tireur sur le rivage. Le prussien ne veut plus tirer sa poudre aux échos.

VENDREDI 18. — A Hambourg, où nous arrivons à une heure, on nous apprend qu'Ander donne des représentations au Stadt-Theater. Nous descendons à l'hôtel de Russie, et, lorsque Maurice vient nous voir, je lui témoigne mon mécontentement de n'avoir pas été prévenu de la présence d'Ander ; si j'avais su qu'il fût ici, je serais resté à Francfort où l'on voulait me retenir. Je vais avoir l'air de chercher à lui faire concurrence.

Il me dit qu'à Hambourg, cela n'a pas la même importance, que les étoiles se suivent ici sans se nuire, que l'on est habitué à cela.

Justement, Ander chantait le soir dans *Guillaume Tell*. Voix facile dans les sons élevés, mais sans ampleur, sans style, et ne faisant nullement respirer le parfum de cette admirable musique. Ses pleurs et ses colères sont d'un enfant et non d'un homme, mais il a toutes les qualités de ce genre de voix de gorge ; de l'haleine, du lié, du charme quelquefois, ainsi que de l'éclat. C'est un instrument, ce n'est pas un artiste, et pourtant il est assez bien en scène ; somme toute, c'est le meilleur ténor que j'aie entendu en Allemagne.

MERCREDI 23 JUIN. — Chanté la *Favorite*. Beau succès, mais je n'ai pas été content de moi. J'avais dormi après dîner, et j'ai bu un verre d'eau rougie en me réveillant. Cela m'a donné un peu de voile ; cependant j'ai quatre rappels sur trois actes. J'ai eu, au dernier acte, beaucoup de volonté, les *la* sont sortis : la romance du quatrième acte ayant été faible, j'avais, avant le duo, pris une pincée d'alun que j'ai mise sur la luette et qui m'a éclairci la voix. J'ai déjà remarqué l'influence pernicieuse d'un verre d'eau rougie avant de chanter.

MARDI 29 JUIN. — Reçu la visite de M. Nims, directeur du théâtre de Breslau ; il me demande quelques représentations pour la fin du mois d'août, à soixante-dix frédérics d'or.

Reçu une lettre de Seideman ; il me faut partir pour Berlin. Comme j'ai promis de chan-

ter demain au bénéfice de Canthal, je réponds
que je partirai à cinq heures.

Chanté le *Prophète*. Bonne voix ; les *la* quelquefois inquiétants ; mais pour moi seulement ;
le médium énorme. Bouquets, couronnes, rappels, tremblement de tambours et trompettes à
l'orchestre.

Mercredi 30. — Chanté au concert de Canthal, ce malheureux compositeur de *Fürst des
Meeres*. Public de femmes, succès tiède, en
apparence du moins.

Parti à 5 heures. Les deux Maurice et Marr
se trouvent à la station, la vierlandaise du
théâtre aussi. Je la vois encore, la belle fleu-
riste, appuyée sur son parapluie, avec ses bas
amarante, son corsage d'or, ses hanches cam-
brées et ses grands yeux noirs. Que venait-
elle faire là ? Elle ne partait pas, et ne vendait
pas de fleurs.

Berlin, 1ᵉʳ Juillet. — En arrivant à Berlin
à 11 heures, j'apprends par Teschmann au
débarcadère que Mᵐᵉ Tuzzet est indisposée. Il

ne sert donc à rien que je me sois tant hâté.

Vu Schlesinger. Dîné avec Teichmann et Kroll. Celui-ci m'a raconté l'histoire arrivée à Salomon, le baryton...

Il doit épouser la fille du maître de l'hôtel Meinhardt. Le père avait d'abord fait des difficultés, disant que les artistes sont peu faits pour le bonheur d'une femme, que ce sont des coureurs, etc... Il lui prit pourtant envie d'aller voir jouer l'objet des prédilections de sa fille. Salomon, ce soir-là, chantait *Don Juan*.

En rentrant, le père Meinhardt dit à sa fille : « Ton Salomon, je te le donne. J'ai maintenant pleine confiance en lui ; il me fait l'effet d'un bien brave homme. Si jamais celui-là est un don Juan, j'y serai bien trompé ! » Et dans quelques jours le mariage.

Samedi 3. — Répétitions de la *Dame blanche*. La Trietsch, en me saluant, me fait la mine. J'apprends que les fleurs que je lui ai envoyées de Paris ne lui ont pas été remises et qu'elle a reçu des pots de blanc que j'avais destinés à Mme Tuckseck. Elle a pris cela pour une mauvaise plaisanterie de ma part, attendu qu'elle a la peau très noire.

DIMANCHE 4. — O bonheur! Malgré la chaleur, salle comble à la *Dame blanche* et une voix d'une limpidité, d'une facilité bien rares.

J'improvise de nouveaux traits. Je chante avec bonheur pour me faire plaisir à moi-même. Trois rappels chaleureux.

LUNDI 5. — Rachel joue *Andromaque*. Salle vide! Cependant elle a joué admirablement, mais elle n'est plus aimée. Sa conduite et ce genre de vie nomade avec une mauvaise troupe l'ont exposée au ridicule.

MARDI 7. — Avec quel désespoir nous voyons le ciel sans nuages qui doit remplir tous les théâtres en plein air! Et pourtant la deuxième représentation de la *Dame blanche* fait une recette encore plus forte que la première.

Décidément le public est pour moi. M. de Mulsen m'appelle le meurtrier de Melle Rachel. Il est ravi de son insuccès parce que c'est lui qui m'a engagé pour cette saison, et que le roi n'a donné la salle à Rachel que pour la faire entendre à l'empereur.

MERCREDI 7. — Servais est arrivé de Pétersbourg et nous allons avec lui et Schlesinger faire visite au comte de Redern, que nous ne trouvons pas, et à Mme Beer.

Nous dînons, Fanny et moi, Teichmann et Mme Dehalier, chez Mme Beer. Passé la soirée au Jardin. Nous y avons été conduits par la voiture de Mme Barenne qui arrive à Berlin avec la princesse Bagration. Été au théâtre voir *Diane* et le deuxième acte d'*Athalie*, par Rachel. Continuation du désert dans la salle.

JEUDI 8. — Nous allons voir la princesse Bagration qui est descendue à l'hôtel Meinhardt. Nous la trouvons étendue sur un canapé. Elle a reçu une invitation de la cour pour la fête de Potsdam.

Ce serait une femme à étudier. Elle a près de quatre-vingt-deux ans, toutes ses dents et des cheveux blonds sur ce qui lui reste d'une beauté autrefois célèbre et particulièrement connue de toutes les têtes couronnées de l'Europe, et de tous les beaux hommes, qui passaient le soir, au bout de l'avenue de son hôtel du Faubourg-Saint-Honoré, dont les jardins donnent sur les Champs-Élysées.

Maintenant, c'est vraiment une morte qui parle ou qui marche. Son front jaune et luisant est excessivement élevé. Ses doigts ont l'air de jeux d'osselets; elle conserve pour son pied une adoration qu'il justifie par sa blancheur et sa petitesse. Elle ne marche que soutenue par deux domestiques.

Elle a amené douze de ses gens dans ce voyage.

Elle ne vit que de glaces et de biscuits, mais elle a avec elle son cuisinier, deux interprètes, son intendant qui a gagné 30.000 francs de rentes à son service, un homme spécialement chargé de la destruction des mouches dans son salon, deux ou trois femmes de chambre, un cocher, un courrier, etc.

L'empereur, qui a confisqué ses biens, lui fait un revenu de 100,000 francs par mois, ce qui lui permet de faire des dettes effroyables, et il n'y a personne au monde d'aussi poursuivi que la princesse.

L'invitation à Potsdam lui tourne la tête. Elle me demande comment se font les présentations au roi, comment elle le reconnaîtra. Elle est fort en peine de l'accueil que lui fera l'impératrice. Aussi près du tombeau, peut-on se préoccuper autant des grandeurs de ce monde !

Visite au comte de Redern qui me donne un mot d'introduction au palais pour assister au spectacle. Nous partons à cinq heures pour Potsdam dans le wagon de la princesse. Elle est en bleu. On pourrait dire qu'elle est au bleu. A l'arrivée, ce sont les voitures du roi qui nous mènent au nouveau palais par le parc de Sans-Souci. Deux grands salons ont été destinés à la princesse. Nous y attendons l'heure du spectacle. A sept heures et demie, le baron de Humboldt (quatre-vingts ans aussi) vient chercher la princesse ; le comte de Redern nous fait installer dans la salle. A la vue des altesses qui y entrent, notre bonheur serait complet si nous n'avions pas l'estomac si vide. Nous n'avons ni déjeuné, ni dîné.

Rachel joue les *Horaces*.

L'impératrice occupe le milieu de la salle, ayant à sa gauche la reine de Prusse.

Après le deuxième acte, intermède de thé et de gâteau! Je me précipite vers le buffet pour envoyer à ces dames des glaces et des biscuits et pour m'occuper de moi. Le prince de Prusse vient me tendre la main et me témoigner ses regrets de ne pouvoir rester à Berlin. Il part dans huit jours pour accompagner sa sœur à Pétersbourg.

Après le spectacle, les gens du roi nous servent à souper dans l'appartement de la princesse Bagration.

VENDREDI 9. — Répété les *Huguenots* généralement. La Mayer ne va pas mal, mais elle a une mauvaise diction. Je vais chez Kroll avec Mme Barenne. Le prince Karadja fait exécuter une valse de lui assez gentille.

SAMEDI 10. — Vu le soir *Satanella*, le ballet qui

fait fureur. C'est un ramassis de ce que nous avons vu dans tous nos ballets de Paris. La Taglioni est belle fille, voilà tout.

DIMANCHE 11. — Partis pour Potsdam. Nous trouvons à l'arrivée une voiture du roi qui nous mène au nouveau palais. Au débotté, je demande où est la pièce, la loge que l'on m'a destinée. On me répond qu'on l'ignore. Nous sommes stupéfaits de si peu de prévenance. Malheureusement le conseiller Teichmann n'est pas là ; il est resté à Berlin où Rachel joue sa dernière soirée. A grand'peine nous trouvons une espèce de soupente au-dessus de la loge des dames des chœurs, quand tous les autres sont parfaitement installés.

XI

PARIS

Jeudi 24 Février 1853. — Répété à l'Opéra *la Fronde* de Niedermayer.

En sortant de la répétition, il m'est arrivé un singulier bonheur. J'avais pris une voiture près du passage noir ; à peine installé dedans, je me souviens que je dois aller prendre des billets de faveur chez Leduc, j'arrête le cocher devant l'Opéra ; je descends et lorsque j'ai fait deux pas hors de la voiture, elle se brise, la caisse tombe lourdement sur le pavé, le cheval tire à lui le train de devant et, donnant des ruades furibondes, veut prendre le mors aux dents.

C'est un vrai miracle dont je ne saurais trop remercier le ciel. Le peu de temps écoulé entre ma sortie de la voiture et sa chute : « trois secondes ! » me confond encore l'esprit.

Comme l'animal humain est orgueilleux ! Ma bête pensante, au milieu de sa reconnaissance, ne peut se défendre d'imaginer qu'elle est protégée du ciel et que Dieu l'aime.

Ce soir, chanté au concert Krüger le duo du deuxième acte du *Comte Ory*, puis la chanson de Fortunio et *Barcarolle* d'Offenbach. Cette dernière bissée.

La fille de Garat était là et m'a montré la miniature de son père ; elle m'a dit que j'avais dans mon talent quelque chose du sien. Est-ce eau bénite de cour ? Toujours est-il que par ma prédilection à faire prévaloir le sens poétique et moral sur le sens musical purement physique, je me rapproche de ce que j'ai entendu dire de ce Dieu du chant.

VENDREDI 25 FÉVRIER. — Rencontré ce matin Victor Massé.

Je lui rappelle que c'est moi qui ai chanté

au Conservatoire sa cantate de prix de Rome :
la Reine Flore.

J'avais prévu dès lors son succès.

Ses albums, un surtout : *Chants d'autrefois*
l'ont mis à la mode.

Combien j'aurais voulu créer à l'Opéra-Comique sa pièce de début, *la Chanteuse voilée !*

Massé, plus heureux que beaucoup de ses
confrères à qui les directeurs imposent un
ours quelconque, en guise de libretto, a puisé
de lui-même à cette mine féconde qu'on
nomme M. Scribe, renforcé de plus, cette fois,
par M. de Leuwen.

La musique de Massé est bien appropriée
au sujet qui a plutôt les allures d'un libretto
d'opéra que d'un poème d'Opéra-Comique.
Avec quelques récitatifs, elle serait parfaitement à sa place, rue Le Peletier.

Mon compositeur de *la Reine Flore* vient de
prendre rang parmi les jeunes compositeurs
qui, dans un avenir plus ou moins prochain,
doivent se faire un nom distingué.

Il sera certainement un jour applaudi à
l'Opéra.

17.

XII

QUATRIÈME VOYAGE EN ALLEMAGNE

Jeudi 2 Juin. — Après trois mois passés à Paris dans la fièvre, je reviens à Berlin.

Il me semble que je n'ai jamais quitté cette ville.

Il y a grand concert militaire conduit par Wieprecht. Nous rencontrons Taubert, Schlesiner, Lauge. Nous assistons à une des marches aux flambeaux composées par Meyerbeer à l'occasion du mariage de la fille du prince de Prusse.

Breslau. Vendredi 3. — Un vieux monsieur de Dresde, auprès de qui nous soupons, nous apprend que, le 18, il va y avoir grande fête à Dresde pour le mariage du prince Albert, héritier de Saxe, avec la princesse Wasa. Le roi de Prusse, l'empereur d'Autriche y seront. Il m'engage fort à chanter le *Prophète* avec Mlle Wagner.

SAMEDI 4 JUIN. — Dîné à table d'hôte. La conversation est aussi joyeuse que désagréable. Oh ! les pauvres jeunes filles qui font de la musique dans ce vacarme ! Elles sont quatre. Deux étendent leurs mains bien blanches et bien faites sur de petites harpes qui ne sont certes pas de la dernière exposition d'Erard. N'importe, elles sonnent joyeuses et claires comme le chant d'un grillon dans l'âtre. Les deux autres jeunes filles jouent du violon. L'une d'elles a une tête d'ange.

Lorsqu'un plat se fait vivement désirer et qu'il se montre enfin, les demoiselles prennent leurs instruments et lui font une entrée en musique. Nous avons eu de cette manière : la marche du bœuf au naturel, l'andante gracioso des pigeons vol-au-vent, une rêverie sentimentale en mi bémol en l'honneur des asperges gratinées et la polka des pruneaux. La valse des quatre mendiants aurait eu les honneurs du *bis*, si les têtes échauffées avaient pu en apprécier le mérite.

Puis l'une de ces pauvres enfants a circulé autour de la table pour faire sa petite récolte. Au lieu de tendre la main, elle présente une feuille de musique écrite où chacun dépose son offrande qui disparaît immédiatement dans la main blanche de la petite musicienne. Sa main, de cette façon, n'était pas salie ostensiblement par le contact des pièces de monnaie.

Je lui ai su gré de cette charmante délicatesse d'artiste ; mais, pauvre enfant, que je vous plains !

On fait décidément trop de musique en Allemagne. L'art ne gagne rien à cette prodigalité ; il perd en dignité et en perfection ce qu'on lui donne en popularité.

Nous avons vu le *Templier et la Juive* de Marschner. Il se peut qu'il y ait de belles choses, mais, grand Dieu, quel système musical ! Un orchestre, toujours plein, marchant d'un mou-

vement inflexible, les instruments doublant,
quadruplant la voix, celle-ci employée comme
un instrument de l'orchestre !

La nuance, il est vrai, n'est pas le fort de l'exécution *vocale* allemande ; j'entends la nuance
dans sa partie spiritualiste, car, pour les *piano*
et les *forté*, ils les exécutent bien, mais chanter
huit mesures fort et huit mesures *piano*, ce
n'est qu'un jeu d'enfant. C'est un effet sûr et
qui appartient à tout le monde. Autre chose
est de trouver ces nuances délicates qui ressor-
tent du sujet, du sens des paroles, ces altéra-
tions subites de rhythme, *tempi rulati* qui
donnent tant de charme aux œuvres dramati-
ques. Les compositeurs habitués à ne trouver
pour interprètes que des voix plus ou moins
belles, mais que n'éclaire pas l'intelligence de
l'art, sont bien forcés de donner à l'orchestre
une valeur toute symphonique.

6 Juin. — *La Dame blanche*. J'arrive au
théâtre en nage. Je chante. Voix faible, sans
charme. On me rappelle néanmoins à chaque
acte, mais je ne suis pas content. Je ne consi-

dère pas cela comme un succès ; nous sommes habitués à mieux que cela. Je ne sais s'il y a un supplice comparable à celui de sentir que, dans une occasion solennelle, la voix ne répond pas au commandement. On est Napoléon à Waterloo. «Et Grouchy, Grouchy qui n'arrive pas!» C'est ce que dit le chanteur à la note rebelle. Il donnerait tout son passé, ses esclaves nubiennes, son tigre, ses bains de porphyre, comme dit Hugo, pour un *la* ou un *si*.

MERCREDI 8 JUIN. — *Les Huguenots.* C'est un grand jour. Une revanche à prendre dans mon estime.

Je suis resté toute la journée à la maison, mettant mes troupes sonores sur pied, passant en revue toutes les notes de mon clavier. Ça va.

Et en effet, ç'a été, et au delà de mes espérances. Quel beau triomphe! On m'a rappelé, chose inouïe, après le deuxième acte.

JEUDI 16. — Chanté le soir, au bénéfice de Mme Stolz, la romance des *Huguenots* en allemand. J'ai vu jouer le couple Stolz. Le mari est très comique. Du naturel et de la charge. La femme joue comme un ange et a une fort belle voix, mais peu d'étude.

DIMANCHE 19. — Chanté le *Prophète* à mon bénéfice. « Mon bénéfice » est une manière de dire. La direction m'a donné pour Fidès une troisième chanteuse, et pour Bertha une débutante qui a été sifflée. Mon bénéfice m'a rapporté deux cent quatre-vingt thalers. Nous sommes furieux.

J'écris à Stettin que j'y chanterai lundi, et je préviens Reimann que ma dernière représentation aura lieu demain.

MERCREDI 22. — Chanté la *Dame blanche*. Salle comble. Je trouve, en entrant, ma loge garnie de guirlandes de fleurs ; mon portrait en est entouré, l'air en est infecté. Ça empoisonne bon. Je suis obligé de sortir bien vite. La représentation a été superbe. Nombreux rappels. Qui pourrait dire les fleurs, les couronnes, les vers que tu as reçus, mon bon Roger?

O muse, raconte et n'amplifie pas ; tu auras assez à faire.

J'ai prononcé en allemand un speech qui n'a pas laissé que de m'embarrasser, mais qui m'a fait de l'honneur.

En sortant, nous trouvons une voiture et un peuple entier, près de quinze cents personnes qui m'attendent sous des parapluies. Une voix s'élève, qui crie en Français :

Vive Roger ! hoch ! hoch !

Le peuple répond ; la voiture se met *au pas*, accompagnée par la musique des cuirassiers.

Nous entrons dans l'hôtel. Une foule immense nous y attend, avec la musique du 19ᵉ régiment de ligne. Les chœurs du théâtre sont là, qui me souhaitent en musique un « hezliche lebewohl ! »

Trois musiques différentes ! Un roi ne remuerait pas plus de monde et ne recevrait pas plus d'hommages...

Pendant plus d'une heure et demie, je suis resté là, allant d'une musique à l'autre, saluant, ennuyé, car tout cela me gêne horriblement, et pourtant je serais désolé qu'il en fût autrement.

STETTIN, 28 JUIN. — Chanté les *Huguenots* avec une voix superbe. Je suis content de moi, comme je l'ai été rarement. Et dire que ce bonheur m'arrive à Stettin !

BERLIN, LUNDI 4 JUILLET. — Nous sommes de retour à Berlin. Joué *Lucie* avec Mme Marra, *Lucie* en Italien. Un monde immense malgré la défiance des directeurs qui m'avaient fait demander de faire un spectacle composé ; cela me donne la mesure de ma puissance sur le public de Berlin.

Je n'ai jamais été plus heureux : la voix superbe, de beaux honoraires, les journaux enthousiastes, les directeurs empressés à m'engager ; c'est véritablement le plus beau temps de ma vie. Rappelé cinq fois au troisième acte.

MERCREDI 6. — *La Dame blanche ;* salle comble ; succès habituel. Je reçois une couronne dans un carton avec des vers.

Le roi de Prusse et le roi de Bavière ont quitté Potsdam pour venir m'entendre. Le roi de Prusse me fait de petits signes d'amitié et revient sur le bord de la loge, quand on me rappelle, pour applaudir.

MUNICH, DIMANCHE 17 JUILLET. — Le *Prophète*. Le public a été émerveillé ; c'est la première fois que je le vois se donner sans réserve. Cette représentation fait un tapage immense dans la ville ; on me gardait une espèce de rancune à cause de l'élévation des prix et de l'abonnement suspendu. On ne saurait croire la puissance qu'a une pièce de vingt-cinq sous sur la fibre artistique de ces gens-là. Il y a des richards qui me tenaient rigueur parce que leur place leur coûtait trois francs quinze sous au lieu de cinquante sous.

DIMANCHE 24 JUILLET. — La *Juive*. Il avait circulé divers bruits sur mon compte au sujet de cet opéra. Les amis du ténor de la localité prétendaient que je n'oserais pas aborder le rôle d'Eléazar, le meilleur de Hartinger (l'ut local). Moi, je l'avais gardé pour ma dernière représentation parce que je ne l'avais pas chanté en allemand depuis un an, et j'étais bien aise aussi de décocher en partant une terrible flèche sur leur idole. L'avouerai-je avec modestie? Ils en ont encore des bleus dans les yeux et dans les oreilles. L'ut local supprimait d'habitude la phrase : « *O ma fille chérie* » du finale. Je l'ai rétablie et enlevée deux fois avec un grand bonheur. Douze rappels à chaque acte.

BERLIN, 28 JUILLET. — Chanté *Lucie* en allemand. Reçu une lettre de Got qui me confirme ce qu'il m'a dit en passant. M. Roqueplan prétend que je suis usé à l'Opéra et que je gêne la spontanéité et l'ensemble de son administration par l'influence que je me suis acquise sur les auteurs, les compositeurs et la presse. Ces deux phrases semblent se contredire, et la deuxième ne fait pas croire à la vérité de la première.

LEIPZIG, MARDI 2 AOUT.—J'ai chanté *la Dame blanche* avec théâtre paré. Je craignais fort, ainsi que je l'ai toujours remarqué dans les spectacles gala, que l'attention ne fût détournée de la scène pour se porter sur les personnages illustres ou plutôt couronnés pour qui sonnent les cloches et éclatent les *hoch!* Mais après le tribut naturel d'enthousiasme monarchique payé aux jeunes princes, l'art a eu sa part d'attention, et j'en ai été d'autant plus heureux que nous étions dans des transes mortelles. Avant d'entrer en scène, je ne pouvais donner un *la*, mais je me suis débarrassé de cet échauffement, et la voix est sortie fort belle et fort puissante.

Nous nous embrassions, Fanny et moi, comme après un danger de mort évité, et en effet le cas était grave. Chanter pour la première fois à Leipzig, ville qui se pique de donner le ton en Allemagne pour la musique et qui ne reconnaît ni à Berlin, ni à Vienne le droit de faire une réputation !

L'excellence et la célébrité de ses grands concerts du Gevandhaus, sous la direction de Mendelssohn, avaient en effet justifié cette prétention.

DIMANCHE 7 AOUT. — Été promener à Rosenthal. Sous ces ombrages, Schiller a composé *les Brigands*. Du côté du bois est le village où il a demeuré, ainsi que Goethe. Quand je fais connaissance avec les lieux où ont vécu de grands penseurs, ce n'est pas eux que mon imagination se représente, ce sont leurs créations. Devant mes yeux glissent vaguement les formes des êtres que leur souffle a animés. Sous ces grands chênes, j'ai vu Franz Moor, et sa bande ; à Francfort, je vois la Marguerite de Goethe ; à Leipzig, je vois dans la cave d'Auersparch l'œil rouge de Méphisto et le regard fade de ce rêveur ennuyé de Faust. Mais il faut revenir et chanter, donner moi-même la vie à un être imaginaire. Ce n'est pas ma pensée seule qui l'animera ; il faut que ma chair soit sa chair, ma démarche la sienne ; il faut que je lui donne une forme agréable qui exprime des idées originales avec des sons justes et frais. Ah, ah ! cela est difficile. Art cruel que celui du chant, quand on ne veut pas se borner à être une serinette...

Oh ! si je voulais me contenter d'imiter une

machine, je m'enfermerais avec une vocalise au pied d'une montagne ou au bord de la mer, je travaillerais à filer un son dont je parviendrais à prolonger l'éclat et la durée par delà le bruit et la durée des grandes vagues et, quand mes rouages marcheraient bien, j'émerveillerais les amateurs de choses rares et sottes, mais je doute que dans cette unique préoccupation du mécanisme, la flamme céleste, l'intelligence qui fait de l'homme un dieu, ne s'éteigne pas faute d'aliment. Je préfère donc être homme, sentir, exprimer. Hélas ! tout en se laissant aller à l'orgueil et à la joie de laisser parler librement sa pensée, comme la pensée est forcée de revêtir la forme musicale et que cette forme passe par le moule vocal, le chanteur, même le plus inspiré, sent toujours le lien matériel qui l'attache à la terre. Sa pensée est aux cieux, sa voix, qui dépend d'organes physiques plus ou moins altérables le retient esclave...

AIX-LA-CHAPELLE, 18 AOUT. — Le directeur m'a annoncé avec satisfaction que je jouerai pour

la première fois avec théâtre paré et illuminé.
L'archiduchesse Henriette-Anne d'Autriche
traverse Aix-la-Chapelle pour aller retrouver le
duc de Brabant, son époux; elle doit assister
à ma représentation.

Chanté la *Dame blanche* avec succès; mon
entrée a été accueillie avec transport. L'archiduchesse est partie après le premier acte; il y
avait grand souper; elle avait faim, cette pauvre reine... Rien de plus naturel, mais elle m'a
fait, en s'en allant, exprimer toute sa satisfaction.

DIMANCHE 21.—Visité la cathédrale. On nous
a fait voir ce qu'on nomme les petites reliques,
entre autres la ceinture de Jésus dans le désert. Elle est en cuir blanc naturel et scellée du
sceau de l'empereur Constantin. Moi, pauvre
profane peu croyant, j'étais saisi de respect et de
stupéfaction en présence de cet objet qui avait
touché l'homme-Dieu, et je me disais que, quand
bien même l'authenticité de la religion serait
contestable, il y resterait encore attachées la
vénération de plusieurs siècles de foi, la

croyance, l'erreur même de Constantin et de la princesse Irène. Mes yeux étaient tout éblouis et je voyais un nimbe d'or autour de cette lumière.

XIII

CINQUIÈME VOYAGE EN ALLEMAGNE

Mardi soir, 30 Mai 1854. — Après une année de lutte honorable avec la direction de l'Opéra à Paris, j'ai clôturé par la reprise de la *Reine de Chypre* avec les débuts de Bonnehée. Succès immense pour tous deux, mais pour moi d'une grande importance. On a donné cinq fois de suite la *Reine de Chypre* avec forte recette.

Le vendredi, 26 mai, a eu lieu ma dernière représentation avec la *Favorite*. Près de dix mille francs de recette. On sent plus que jamais le besoin de se remettre avec moi et, moi, je sens plus que jamais celui de rompre.

En quittant Paris, je renais, je redeviens

artiste, de gagiste que j'étais. Je suis mon maître. On m'attend, on me désire là où la vapeur
m'entraîne.

WEYMAR, SAMEDI 3 JUIN. — *La Dame blanche.*
Charmant accueil de la part du public. Le grand-
duc et la grande-duchesse assistent à la représentation. Un vieux maître de chapelle dirige.
J'ai été étonné de voir que Liszt ne dirigeait
pas, mais il y a de hautes raisons là-dessous :
de la politique de petite ville.

Mon engagement s'est fait sans sa participa-
tion ; il veut imposer aux artistes qui viennent
à Weymar un choix d'ouvrages où sa personnalité puisse rivaliser avec celle du chanteur en
représentation.

Il faut que l'on puisse dire dans l'Allemagne,
en chaque grande occasion :

« Liszt a dirigé tel ou tel ouvrage ».

Et, comme cela arrive rarement, ça prend
la tournure d'un évènement.

J'ai donc été un peu mortifié de l'absence de
Liszt, mais le succès n'en a pas été moins
grand.

DIMANCHE 4. — Répétition de *Lucia*. Liszt est venu me voir. Il s'est fort excusé auprès de moi et a rejeté sur l'intendant et sur Marr la cause de son absence. On avait agi légèrement avec sa position tout exceptionnelle à Weymar. Il m'a dit tout cela d'une voix si convaincue et avec un tel air d'importance que je me suis laissé convaincre.

Après tout, Liszt est un bon diable et un grand artiste. S'il s'agite un peu dans le vide, remuant de grands bras de moulin qui tourne sans rien moudre, ses tendances sont élevées, et l'intention lui sera comptée pour le fait.

MARDI 6. — Hier, effet prodigieux dans *Lucia*. Deux rappels, ce qui ne s'était jamais vu à Weymar. Bonne et honorable soirée. Envoyé ma démission à l'Opéra!...

Liszt, sur quelques mots de M. de Beaulieu, a saisi la balle et s'est proposé pour conduire la *Favorite*. Répétition avec lui ; il est très soigneux et très attentif au chant.

JEUDI 15, HAMBOURG. — La *Favorite*, avec

18.

Mme Herman Czillag, grande voix, mais peu de charme. Aussi est-elle mécontente de mon succès.

Vu Hermann, le prestidigitateur au Thalia-Theater. Il imite les oiseaux à ravir.

DIMANCHE 25 JUIN. — La *Dame Blanche* pour ma dernière représentation. Il y a eu des fleurs, des couronnes aux trois couleurs, d'autres avec des pensées seulement. Celles-là, je crois, venaient de la nièce de Wurda.

Les directeurs sont consternés de mon départ. Le vide va recommencer dans la caisse.

VENDREDI 30, FRANCFORT. — *Lucia* en allemand !

Jamais je n'ai été plus heureux en voix et en inspiration. Peu de monde, mais je m'en moquais pas mal. Je chantais pour moi, pour Walter Scott, pour Donizetti, pour le petit nombre d'amateurs qui m'écrasaient d'applaudissements.

Quant aux recettes, je ferai une mauvaise

affaire. La ville a été épuisée par les artistes en représentations.

Mes prix sont trop élevés, la guerre creuse les bourses.

Samedi 1er Juillet, Manheim. — Répété les *Huguenots*. Très bien reçu par les artistes. Au milieu du deuxième acte, le roi Louis de Bavière monte sur la scène, me fait des compliments à perte de vue et d'habits, car Sa Majesté éclabousse un peu son interlocuteur en parlant, et je reste décoré de quelques soleils.

En me quittant, le roi rencontre dans les coulisses un de ses souvenirs de jeunesse, une des trente-six beautés dont on voit les portraits dans certaine galerie à Munich, Mlle Schœn, nom prédestiné.

Pour le moment, elle tient l'emploi des duègnes, et tourne, en qualité de vieille Marguerite, les vieux fuseaux du château d'Avenel. O passion royale! O ingratitude de l'alcôve!

Cette pauvre femme verse quelques larmes, le vieux roi paraît embarrassé et revient à moi pour échapper au remords...

C'est du moins une supposition que je fais dans ma nature candide. Si j'étais roi, je ne laisserais pas finir une femme jadis aimée, un cordon de portière ou un fuseau de duègne à la main.

11 Octobre 1854. — Il serait pourtant bien intéressant de raconter ce qui se passe maintenant que je n'appartiens plus à l'Opéra de Paris.

Les quatre dernières soirées que j'y ai données ont été des triomphes. Deux représentations des *Huguenots*, l'une avec Cruvelli, l'autre avec Poinsot, pour cause de fugue de la première.

Puis *Lucie* annoncée comme dernière. Soirée indigne par la façon dont j'ai été secondé, mais qui laissera des souvenirs impérissables dans mon cœur par la sympathie que m'ont témoignée le public, les artistes.

Cette scène que j'avais souvent mouillée de mes sueurs, je l'ai arrosée de mes larmes.

Ainsi voilà encore un jalon de ma vie dépassé, une étape fournie, et je peux regarder

derrière moi quinze années de carrière par-
courue, avec deux théâtres, comme deux au-
berges sur la route.

Encore quelques années, puis la culbute...

Je suis rentré dans ma loge après l'anathème
du troisième acte qui avait causé une sensation
profonde. Dieu m'avait aidé, mais j'ai pleuré
comme un enfant. Mon air final a été réussi
comme jamais ; la salle a fait explosion de
bravos, sorte de protestation contre mon départ.

Il est bien vrai que, si je veux rester, je le
puis, mais aux mêmes conditions, et cela je ne
le veux pas.

A mon âge, qui ne monte pas descend, et
comme mes moyens grandissent, que le talent
a plus de maturité, que le taux des appointements représente celui de la valeur de l'artiste,
il faut tenir bon, ou sortir intact avec toute sa
réputation et sa force. Les appointements
donnés à la belle Cruvelli, ceux offerts à Tam-
berlick inutile, ont ouvert une porte par laquelle
tout artiste qui s'estime voudra passer.

On s'aperçoit de la faute, mais il n'est plus
temps, et pour l'honneur de l'école française,

que je représente actuellement, autant peut-être que dans mon intérêt, la dépréciation ne se fera pas sur moi.

COLOGNE, 11 NOVEMBRE. — J'ai reçu à Cologne l'accueil le plus chaud. J'ai été un véritable lion pendant les 20 jours que j'y viens de passer. La société n'a pas manqué une de mes soirées.

J'ai reçu une sérénade du 30ᵉ régiment envoyé par le général Schak, commandant la province Rhénane.

Soirée chez Simon Oppenheim avec Vieuxtemps, Mᵐᵉ Nissen Salomon, le pianiste Frank. Salons splendides. Le mari et la femme sont charmants. Quoique ayant plus de vingt millions de fortune, ils n'ont pas laissé changer leur cœur en coffre-fort ; ce sont des banquiers artistes, et un air bien chanté, un accent vrai, leur arrachent de vraies larmes. Si la moitié de l'intérêt qu'ils m'ont témoigné se réalisait, je serais dans quatre ans un richard. M. Simon Oppenheim veut se charger de ma fortune, doubler mes capitaux en me faisant faire les plus belles affaires et en garantissant la perte. J'accepterai, puisqu'il me promet un million dans six ans.

Hanovre, Samedi 11 Novembre. — M. le baron de Perglass, directeur du théâtre, me conduit à la répétition. L'orchestre me salue avec une fanfare royale, un tousch !

Le théâtre est tout simplement le plus beau du monde, surtout à l'extérieur. Si Paris l'avait, il en serait fier.

La troupe est bonne. Le chef d'orchestre, Fischer, est un homme de mérite ; il occupe la place avec Marschner.

Dimanche 12. — *Dame blanche*. Salle comble. Le roi, qui est aveugle, assistait, dans le fond de sa loge, à la représentation ; il a beaucoup applaudi.

Les chœurs sont aussi nombreux qu'à l'Opéra, mais plus soigneux. L'orchestre est remarquable. C'est pour moi une véritable jouissance de me trouver si artistiquement secondé.

Brunswick, Dimanche 19. — Les *Huguenots*.

La salle est si bondée qu'on dirait un jour de gratis à l'Opéra.

Fait connaissance de l'ancien ténor Schmelzer, triste ruine engagée pour son reste de subsistance : « *Voilà donc ce que je serai demain.* »

C'est affreux ! Il a chanté le *Rataplan !* Il m'a raconté que Meyerbeer avait voulu, en 1834, l'emmener à Paris.

HANOVRE, MARDI 21 NOVEMBRE. — *Les Huguenots.* Dans la salle comble, le roi, la reine, le duc et la duchesse de Mecklembourg-Schwerin. Après le quatrième acte, enthousiasme indescriptible. Cinq fois rappelé.

Pendant que je me déshabillais pour changer de costume au cinquième acte, l'intendant est venu me prier de passer chez le roi.

Je me suis vêtu à la hâte le mieux que j'ai pu, car bien qu'il soit aveugle, il n'était sans doute pas seul.

En effet, il m'attendait debout au milieu d'une quinzaine de personnages, dames et officiers. Il m'a fait force compliments, c'est un beau, grand garçon, très distingué, l'œil droit un peu défoncé et rapetissé, l'œil gauche de grandeur naturelle, mais avec une taie blanche. Il m'a prié en termes très chaleureux de chanter une fois encore, dans *Lucie*, pour la reine, ainsi que pour le duc et la duchesse de Schwerin qui retarderaient leur voyage afin de m'entendre.

J'ai demandé que Sa Majesté voulût bien faire télégraphier au directeur de Brême pour me mettre à couvert et il a été convenu que je chanterais encore jeudi.

MERCREDI 22. — Depuis deux jours, Vivier est ici ; il est émerveillé de moi, de mes triomphes ; il ne peut concevoir comment, à Paris, une telle excentricité de succès reste aussi ignorée ; il dit que la presse aurait mille occasions de s'emparer de cela avec plus de raison que du sabre de Liszt. Il est vrai que, pour avoir à Paris ces explosions de publicité et de vogue dont a retenti la réputation de certains artistes, il m'a manqué toujours un peu de charlatanisme, mais je voudrais fonder une

réputation durable et sérieuse ; je ne tiens pas
à briller d'un éclat immense pendant un jour
pour rentrer ensuite dans l'ombre et la médio-
crité. Voilà seize ans que je dure et je grandis
encore. Je n'ai pas dit mon dernier mot, car
la voix se développe et, jusqu'à ce jour, elle a
été le seul obstacle à ce que l'on me mît au
niveau que j'ambitionne.

Je me sens parfois pris d'une immense fierté
en songeant à ce que nous sommes, nous autres
artistes, et je m'indigne tout rouge contre ce
que certains esprits moroses voudraient que
nous fussions. On se plaît à attaquer le pauvre
chanteur dans sa position, ses appointements,
l'attention et l'amour que lui accordent les
masses. Quelques écrivains même se laissent
aller à la jalousie contre ces idoles si enviables
qu'un rhume ou un caprice de mode renversent
si vite, hélas ! Il est vrai qu'un chanteur qui
n'a pour justifier la faveur du public qu'un son
ou deux, poussés à toute outrance, n'a pour
moi guère plus de valeur qu'un clown aux
sauts périlleux : mais lorsque le chanteur sait
se servir de sa voix, ce don si rare de la nature,

pour représenter les images qu'il a dans la tête, les passions qu'il a dans le cœur, pour vivifier les héros des poètes et des maîtres, alors celui-là est un poète, lui aussi, et un maître ; il marche de pair avec les puissants du jour, avec l'empereur, comme dit Schiller, car si celui-ci règne sur la matière, l'étendue et les choses périssables de cette vie, le chanteur, le tragédien, comme le poète, se taille un royaume dans les esprits, un royaume réel. Les hommages qu'on lui accorde, les bouquets qu'on lui jette sont arrachés par la puissance de son talent.

Pas de conventions arrêtées d'avance, pas d'hérédité, pas de chambellans, pas d'huissier qui crie : « *Le roi, Messieurs!* » Mais nous ouvrons la bouche et les couronnes tombent.

Après cela, indignez-vous, jeunes chefs de bureau en cravate blanche. Crevez de dépit, crânes chauves des conseillers d'état. Financiers, comparez avec horreur les appointements de l'artiste à ceux du maréchal, du ministre ; accusez ses prétentions d'insanité. Criez à l'orgueil, à l'injustice, mais tant que la foule ne se précipitera pas à la porte de vos ministères, de vos bureaux, et ne paiera pas vingt francs pour vous contempler dans la grâce de vos additions, le charme de vos soustractions, la poésie de vos comptes rendus et de vos bordereaux, tant que vous ne pourrez pas me montrer en ce monde quelque chose de plus intéressant que la passion, de plus sublime que la pensée et de plus noble que l'art, tant que l'homme tirera sa grandeur de ses idées, nous nous enorgueillirons, nous tous, la sainte famille, la sainte bohème, musiciens, statuaires ou chanteurs, et nous continuerons à vous prendre en pitié et à vous prendre aussi beaucoup d'argent, puisque malheureusement c'est le seul représentatif de toute valeur en ce monde.

JEUDI 23. — Le soir, *Lucie.* Après l'anathème, quatre rappels. J'ai reçu de la reine même une couronne de laurier qui est venue tomber à mes pieds. Après le dernier acte, je suis encore monté dans le salon du roi qui, en me complimentant, m'a prié de revenir le plus tôt possible. Cette famille royale est d'une affabilité pleine de cœur et de sans-façon. Adieu donc et au revoir!

SAMEDI 25, BREMEN — *La Dame blanche*. Je me sentais la voix un peu maigre, j'étais fatigué du voyage. Néanmoins j'ai chanté avec beaucoup d'entrain mon premier air qui, habituellement, fait crouler la salle. Public froid, hébété. Ma voix se dérouille, s'échauffe. Même froideur du public.

Le directeur, après l'acte, se tue à m'expliquer que les gens dans ce pays sont très badauds. Ils écarquillent les yeux et les oreilles, se disent religieusement : « C'est le fameux Roger! Quel bonheur! Enfin! » Et si quelqu'un veut applaudir, on l'en empêche de peur de rien perdre. Ah, dame! on en veut pour son argent. Mais Wohlbruck me dit que, lorsque je serai mieux connu, on se montrera plus chaud.

MERCREDI 29. — *Lucia*. Salle archi-comble. Le public se fait à ma manière et je lui communique quelque chaleur.

VENDREDI 1er DÉCEMBRE. — *Le Prophète*. On

fait venir de Hanovre Mlle Ianda qui chantait le page des *Huguenots*, pour chanter Fidès. Elle joue cette mère en vieille Boby, me tapote sur les joues, et serait toute prête à m'appeler « Fiston. » Elle parle le rôle et ne le chante pas. Le public a l'air ravi. Comment faut-il être ou chanter pour lui déplaire?

JEUDI 7 DÉCEMBRE, HAMBOURG. — En descendant de voiture, je veux prendre mes épées accrochées aux patères des chapeaux et parapluies, je lève les bras ensemble en me renversant en arrière, et je me donne un tour de reins qui me coupe la respiration pendant plus d'un quart d'heure. Ça avait résonné dans la poitrine et le dos comme si je m'étais brisé quelque chose ; j'ai cru un instant que c'en était fini de chanter! Quelles réflexions cela m'a fait faire pendant que je me promenais sur le bateau à vapeur qui descendait l'Elbe !...

VENDREDI 8. — Noblé est venu dans la journée. Je lui communique mon intention de donner une représentation de la *Dame blanche* au bénéfice du tabac à fumer de l'armée d'Orient ; il en est ravi.

Le fait est que le projet formé par cette dame, qui a écrit à l'*Illustration* pour envoyer des étrennes à nos soldats de Crimée, a quelque chose de charmant. J'en ai été touché jusqu'aux larmes. Je voulais envoyer une offrande comme tout le monde, mais Fanny qui, dans ces choses de cœur, va toujours au delà du meilleur coureur, m'a dit : « Donne une représentation pour cela et chante : *Ah! quel plaisir d'être soldat!* »

Jeudi 14. — Je suis parvenu à donner ma représentation pour le tabac des *Soldats de Crimée*.

J'ai chanté l'air du soldat avec la rage d'un zouave. Sitôt qu'une difficulté de chant se présentait, je m'imaginais que c'était un russe, et je l'enfonçais. Véritable Inkermann musical. La recette a été, pour moi, de 1,500 francs, que j'ai immédiatement envoyés en un bon sur Rothschild, à Paulin, de l'*Illustration*.

BERLIN, LUNDI 18. — Reçu aujourd'hui la visite de Meyerbeer. Il continue à espérer en Crosnier ; il attend de jour en jour qu'on lui demande l'*Africaine*, et alors, dit-il, nous retournerons à Paris, l'un portant l'autre.

Le soir, la *Favorite*. La Wagner pour Léonore. Elle est immense de taille. Une foule de rappels.

MERCREDI 20.—La *Dame blanche*. Salle archicomble. Plus de 1,400 thalers. Mon pouvoir sur le *bublic* de Berlin est resté intact. Reçu des compliments de Meyerbeer pour la *Favorite*. Il m'invite à dîner pour samedi.

SAMEDI 23. — Chez Meyerbeer. Dîner insupportable de raideur. Les domestiques vous passent les plats silencieusement derrière le dos. Le maître et la maîtresse de la maison ne président nullement à cette distribution d'aliments. Personne ne loue ce qu'il mange et personne ne dit : J'en voudrais bien encore un peu. Nous étions chez un artiste, artistes nous-mêmes, et nous avions l'air d'être à un dîner d'exécuteurs testamentaires, où chacun prépare un speech pour la fin.

MARDI 26. — Soirée à la légation française. J'ai fait seul tous les frais de cette soirée. Frais de musique, bien entendu. Meyerbeer y assistait, pliant sous le poids de ses ordres et décorations. A chacun de ses mouvements, sa bijouterie faisait un grand bruit de vieille ferraille. Personne, dans le salon, n'était aussi *crucifié* que cet israélite de génie. Tant mieux, morbleu ! Jamais ces croix-là n'ont été mieux placées.

BRUNSWICK, VENDREDI 29. — La *Dame blanche.* — Depuis quatre jours, il n'était plus possible d'avoir de places. On offrait sept fois la valeur d'un Sperrsitz, prix inouï jusqu'ici à Brunswick. C'est la proportion d'une stalle de 20 francs, à Paris, qu'on paierait 140.

HANOVRE, SAMEDI 30. — Concert. Je chante : *Erlkœnig* (le Roi des Aulnes). Effet immense. J'ai bien joué aussi ! Je fais les trois voix, le père, l'enfant, et l'esprit malin, sans bouger la tête.

Rien que par la direction des yeux, je mets la chose en scène. Le regard à droite, en bas, pour le père qui a l'air de contempler l'enfant qu'il tient dans ses bras. Fixe pour l'enfant qui rêve et râle. A gauche, et bien de côté pour l'esprit aux yeux doucereux et méchants. Pas un geste. Cela fait tableau.

MARDI 2 JANVIER 1855. — Soirée intime chez le roi, avec Vivier et Joachim. A mon arrivée, le roi s'est fait conduire vers moi. Ce roi est vraiment intéressant avec sa figure pâle et douce. Sa parole est affectueuse, tremblante, presque timide. Il m'entretient de l'effet que j'ai produit sur lui le samedi au concert, surtout avec *Erlkœnig*. Il en a parlé à la reine. Il n'en a pas dormi de la nuit.

Il dit même qu'il avait envie de sauter la balustrade et de venir m'embrasser. J'étais vraiment confus. La reine vint alors à moi et me fit raconter l'histoire de mes études allemandes. Elle s'extasie sur ma prononciation, ma méthode, sur le service que je rends aux artistes allemands en venant leur servir de modèle. Le roi revient me demander si nous vou-lons commencer. Je lui dis : *L'Ondine et le Pêcheur*, de Membrée. Il en est charmé. Vivier joue la *Sérénade* de Schubert ; il fait grand effet. Joachim joue avec beaucoup de largeur deux romances de Mendelssohn.

Que j'étais heureux de voir ce pauvre aveugle couronné aussi content ! Une pareille infortune dans une position si haute a quelque chose de navrant.

BERLIN, JEUDI 11. — Concert. Vivier a joué comme un ange. Il a fait arranger son cor dans lequel il a découvert un canif qui y était depuis huit mois. Conçoit-on cette insouciance ! Il sen-tait bien quelque chose qui le gênait, mais il soufflait tout de même...

SCHWERIN, VENDREDI 12. — Un hiver ter-rible commence à se faire sentir. Je me suis mis en route dans une immense pelisse dou-blée de castor, qui est une vraie maison ; j'ai le bonnet pareil et des bottes fourrées qui me montent jusqu'aux cuisses, avec un certain chic Cromwell. Nous passons la soirée, au coin du poêle, à lire... Devinez quoi ?.. les *Mémoires de C. Mogador*. Le diable m'emporte, c'est bien écrit, rapidement enlevé! De la philosophie, du cœur, mais de l'horrible et du sale autant qu'on en peut supporter.

ROSTOCK, VENDREDI 19. — La *Dame blanche*. La plus petite salle que j'aie vue en Allemagne. Archi-comble.

Ah! je n'ai pas eu d'agréments avec mes chanteuses, ce soir. Toutes les fois que je me trouve ainsi entouré, cela me met du noir dans l'âme. Je fais les réflexions les plus sottes ou les plus sensées sur mon abaissement. Moi, le premier ténor de l'Opéra-Comique, jouant dans des trous pareils! Mais bientôt je me mets à rire, parce que je pense avec raison que les plus grands artistes ont eu, eux aussi, leur roman comique, que cela fait partie de notre existence bohême.

LUNDI 29, LUBECK. — Mauvaise salle. Je regrette l'Opéra de la rue Le Peletier.

Vendredi 2 Février, Berlin. — Chanté l'*Ondine*, un duo avec Vivier, *Erlkœnig* et le duo de la *Reine de Chypre*. La salle était comble. Le roi assistait au spectacle avec la princesse Carl. Sa Majesté vient m'entendre demain.

Soirée chez le roi. Soupé avec la famille royale, qui m'a demandé l'*Ondine*.

Lundi 5 Février, Cracovie. — Nous descendons à l'Hôtel de la Rose. Je voudrais bien faire autre chose que de vivre de contrastes. Que deviendrai-je dans cette caserne ! Les lits sont les plus durs que j'aie rencontrés. Tout a une odeur de vieux beurre ; l'air en est imprégné. C'est dans la crasse des générations passées que l'on respire. Le directeur m'avait prévenu que l'orchestre était détestable. En réalité, je n'ai jamais rien entendu de plus affreux. Chanté le soir *Lucia*. Toute la noblesse polonaise occupe les premières. Hélas, les petites places ne donnent pas et cela n'a rien d'étonnant ; il fait un froid terrible, même sur la scène qu'il est impossible de chauffer. Je chante au milieu d'un nuage produit par ma respiration ! C'est la première fois que je vois des sons.

18 degrés. Et les femmes avaient les bras nus !

DIMANCHE 11. — *La Favorite*. Un peu plus de monde, et le froid est le même. C'est une vraie campagne de Russie qui se passe, — amère ironie ! — dans les jardins de l'Alcazar, délices des rois maures !

MERCREDI 7 MARS, BERLIN. — Chanté *Fra Diavolo*. Singulier rôle qui manque de situations, qui disparaît pendant une partie du deuxième acte et qui ne se soutient que par une grande finesse de détails. Je me suis entendu reprocher le *comme il faut* de grand seigneur avec lequel je joue les deux premiers actes. Je crois qu'à Paris on ne me ferait pas cette critique. C'est précisément dans ce *comme il faut* que gît l'originalité de la conception. Il ne faut pas que ce brigand ait l'air de jouer le grand seigneur. Il faut qu'il le soit réellement. C'est là son caractère, ce qui le distingue et l'élève au-dessus des bandits de sa troupe, et je ne sais rien de plus terrible que le sang-froid élégant avec lequel il menace Beppo de lui casser la tête. C'est cent fois plus imposant que des menaces brutales.

VENDREDI 9. — Chanté *Lucia* avec un bonheur inouï et une salle pleine. Dans la journée, le comte de Rœdern est venu m'apporter de la part du roi la grande médaille d'or pour les arts et les sciences. On ne l'a pas donnée à un artiste dramatique depuis bien longtemps. C'est, je crois, Mme Catalani qui l'a eue la dernière.

Fanny espère toujours me voir réengagé à Paris. Certes j'y retournerais plutôt pour elle que pour moi. Ai-je jamais reçu dans mon pays autant de marques d'estime qu'en Allemagne? Du reste, cela se conçoit. En France, j'ai grandi pas à pas, chanteur heureux d'un petit genre. Je me suis fait des ennemis pour avoir voulu ne pas laisser un trop grand vide à l'Opéra après la retraite de Duprez. A les entendre, il aurait fallu refuser l'honneur que me faisait Meyerbeer de me confier son *Prophète*. Mes prédécesseurs à l'Opéra étaient des colosses de talent et de voix. On ne m'a pas su gré de l'ensemble des qualités que je présentais et, comme on m'avait prédit malheur, il fallait, pour l'honneur des devins, que malheur arrivât. Aussi, lorsque Gueymard est venu avec ses deux notes magnifiques, comme on a crié au miracle! Comme il semblait que tout dût se remplacer avec ces deux pétards appelés *la* et *si*. De conception, de couleur, d'élégance, de poésie, de conduite vocale, de style musical, plus question!... Excepté pour quelques amateurs...

Tandis qu'ici, je suis arrivé, précédé de l'auréole parisienne, avec la plénitude de mes moyens, chose rare chez les artistes qui se décident à voyager et qui ne portent à l'étranger que des débris honteux au-dessous de leur réputation. Donc, en attendant qu'on en revienne aux choses d'art, restons ici. Ce n'est pas le public de Paris, dit-on? Mais ce sont des hommes, plus chauds, plus naïfs, plus honnêtes. Je leur porte un art, un goût qu'il ne connaissent pas encore et qui doit les faire marcher dans la voie du vrai, et ils m'en sont reconnaissants.

MARIENBOURG, 15 AVRIL.— Après avoir chanté *Lucie* à Kœnigsberg dans une salle d'une sonorité remarquable, et la romance des *Huguenots* à Elbing, nous sommes arrivés, en une demi-heure de chemin de fer, au milieu des inondations. Nous avons trouvé de petites barques dans lesquelles nous avons fait un trajet d'une heure et demie sur sept pieds d'eau dans les champs, côtoyant des vergers, des habitations dont le toit trempait dans les vagues.

La cigogne se tient toute mélancolique dans son nid sur le pignon des maisons, regardant cette vaste étendue d'eau trop profonde pour son bec, qui ne peut plus trouver de grenouilles à Marienbourg.

Impossible de donner un concert. Nous chantons en famille chez M. et Mme Meyer.

LUNDI 16. — Partis à six heures du matin. Nous retrouvons une autre inondation, la vraie. Nous naviguons pendant trois heures et demie, puis nous prenons des voitures qui nous amènent à Dirschau, au bord de la Vistule. Là un spectacle curieux, unique, nous attend. Les glaces, chassées par la débâcle jusqu'à l'endroit où la Vistule fait un coude devant le pont du chemin de fer, se trouvant arrêtées, ont rebroussé chemin, puis ont été de nouveau arrêtées sur la rive droite, de sorte que jusqu'à perte de vue, en amont et en aval, on aperçoit une mer de glaçons de 14 à 15 pieds d'épaisseur, s'élevant en aiguilles, en tables, en rocs superposés. Un vrai cataclysme.

Resté deux heures à attendre le train.

Samedi 21 Avril, Stettin. — A mon départ de Dantzig, où j'ai chanté *Fra Diavolo* et la *Muette*, une surprise bien douce m'était réservée. Près de 150 dames, plus jeunes et plus jolies les unes que les autres, m'attendaient au chemin de fer. S'étaient-elles donné le mot? Avaient-elles eu séparément la même idée? Toujours est-il que la gare avait l'air d'une salle de concert. Devant mon wagon, toutes ces adorables femmes se pressaient, demandant l'une un gant, l'autre une fleur, une feuille d'un bouquet que j'emportais.

Je fais une distribution. Le train part. Les mouchoirs s'élèvent en l'air et me voici à Stettin, où je trouve la perle des directeurs, Hein, que l'amour de son art a réduit à faire banqueroute, il y a deux ans, mais la ville reconnaissante, chose rare, lui a laissé sa position au théâtre. Il se libère donc petit à petit. *Et nunc*, créanciers, *intelligite !* Huissiers, *erudimini !*...

Mardi 1ᵉʳ Mai. — Les *Huguenots*. Je trouve ma loge toute remplie d'arbustes et de fleurs. Attention du directeur et des spectateurs. Depuis que je suis ici, les représentations ont toutes été fort suivies. Je repars demain mercredi pour Berlin.

Berlin, Jeudi 3. — Concert à Potsdam. — Demain à Brandebourg ; après-demain à Magdebourg. Meyerbeer est venu me voir ; il a été fort aimable, mais c'est le mystère en personne. Quant à son *Africaine*, il me confirme toujours qu'il a écrit le rôle pour moi, que je suis seul capable de l'interpréter, mais il redoute l'engagement d'autres ténors, peut-être celui de Wicart, et il me conseille de signer au plus vite un engagement avec Paris. Le plus clair de tout cela, ce que j'aperçois dans cette cervelle égoïste et machiavélique, c'est que, comme il a des conditions fort dures à imposer au directeur de l'Opéra, il ne serait pas fâché de se débarrasser d'une de ces conditions : ma présence dans son opéra, et que, si mon engagement était fait, ce serait toujours cela de moins à exiger.

HOMBOURG, VENDREDI 18 MAI. — Dînons à table d'hôte tenue par Chevet. La société qui nous entoure est affreuse. Elle se compose encore des joueurs d'hiver. L'été, la foule des promeneurs, Russes, Anglais, vient submerger cette lie de la population de Hombourg, qui disparaît alors dans le flot de dentelles, d'équipages et de belles manières des voyageurs. Mais, l'hiver, quand le beau monde est parti, restent les lépreux du vice, à la figure hâve, aux doigts sales et crochus, qui semblent chercher votre poche. Ils sentent le bagne.

Je suis honteux ! Filons vite. Francfort d'ailleurs m'attend, Francfort où je suis toujours si bien reçu, Francfort, ma seconde famille, qui m'a livré la clef de l'Allemagne !

XIV

AUTRES VOYAGES EN ALLEMAGNE

24 Juin 1857. — Parti de Paris où j'étais
venu prendre congé après un mois de séjour
à Londres. Nous arriverons à Hambourg le 26,
où je jouerai, le 27, la *Dame blanche*.

Mardi 30. — Succès prodigieux dans les
Huguenots. Quatre rappels, fleurs, fanfares à
l'orchestre. J'ai doublé, pour la première fois,
l'*ut* bémol dans « Tu l'as dit, oui, tu m'aimes! »

11 Juillet. — Hier *Lucia*. Demain la *Favorite*. En allant tout à l'heure acheter un bai
brun, récompense de mes succès, j'ai rencontré Dumas, Alexandre le Grand. Nous avons
naturellement parlé de Paris.

Dumas a toujours sa prodigieuse mémoire. Il m'a récité d'un bout à l'autre, sans broncher, les jolis vers que Méry fit, il y a six ans, pour la fête que je donnai rue Rochechouart, et qu'on appelle encore « la fête turque de Roger. »

Principaux turcs : Roqueplan, qui m'avait prêté pour le service les petits nègres de l'*Enfant prodigue*; Dumas, Fiorentino, Méry, Offenbach, qui conduisait l'orchestre ; M. et Mme de Pène, le baron Catters qui portait sur son turban un diamant de cinq cent mille francs ; etc., etc.

Le Jardin des plantes avait mis à ma disposition ses fleurs les plus asiatiques.

En l'absence d'artistes turcs, j'avais engagé une troupe de chiens savants qui donnèrent la comédie sur un théâtre dressé dans le jardin et garni de cent cinquante lanternes turques. Quant au souper, les jolis vers de Méry en décrivaient ainsi le menu :

> Pour cette fête,
> La carte est faite
> Avec des plats qui ne sont pas français ;

Car dans l'Asie
On l'a choisie !
Que tout vrai turc chante en grec son succès...

Même les vins viennent de ces contrées
Où le soleil du ciel oriental
Laisse pleuvoir sur les vignes dorées
Tous les rubis qu'on boit à plein cristal.

Mes vins d'Espagne
Et de Champagne,
Mon Chambertin, si cher et si chéri,
Vins de Bourgogne
Et de Gascogne
Sont de Madras et de Pondichéri.

Mes pâtés froids, sous la zone torride,
Des princes noirs sont le premier régal.
On les a cuits dans un désert aride.
Chartres, Amiens, sont dans le Sénégal.

C'est dans Byzance,
Lieu de plaisance,
Que mes chapons du Mans furent chauffés
Par des eunuques,
Chapons caduques,
Veillant la nuit pour des sultans truffés.

Toute l'Asie, en déployant sa carte,
Du bord des mers au sommet de ses monts,
Nomme les plats qu'on trouve sur ma carte,
Ceux qu'on déteste et ceux que nous aimons !

> Poulets de Brie
> Dont la patrie
Est sur le Gange, au pays des dindons,
> Brûlante zone
> Qui cuit et donne
Tous les rôtis que nous lui demandons.

Daims et chevreuils des forêts de Versailles
Que m'a livrés l'émir de Tranquebar ;
Cerfs de Meudon tués dans les broussailles
Par des chasseurs du roi de Malabar.

> De Trébizonde
> Et de Golconde
Patés d'Alsace arrivent sans débris,
> Pays où l'oie
> Nourrit son foie
Pour engraisser les gourmands de Paris.

Avec son ciel, ses palmiers et ses roses,
Voilà les mets que l'Orient vous sert,
Et ce pays, qui donne tant de choses,
Veut bien aussi vous fournir le dessert.

> Voilà des pêches
> De Montreuil... fraîches,
Quoiqu'arrivant de Perse jusqu'ici,
> Fraises, cerises,
> En hiver prises
A Calcutta, près de Montmorency.

LUNDI 8 MARS 1858, VIENNE. — Répété à l'orchestre les *Huguenots*. Grand effet. Été voir le ballet où danse Legrain. On appelle cela l'*Ile des Amours*. C'est de Taglioni, mais « toc » en diable. On dirait une féerie de l'Opéra-Comique en 1817. Legrain y est charmante; elle danse avec un entrain tout français. C'est une vraie danseuse dont Paris n'aurait jamais dû se priver. Mais nul n'est prophète en son pays. J'ai été entendre Mme Czillag dans la *Reine de Chypre*. Elle y est superbe : grande voix, jeu très intelligent. Ander, qui crie à tue-tête, manque absolument de nuances. Il laisse le tonnerre de sa voix faire l'effet qu'il serait quelquefois bon de faire produire au poète et au musicien par un débit varié.

Mais cela suffit en Allemagne; on appelle cela de la force. Moi, je trouve que c'est une véritable faiblesse. Le chanteur ne chante jamais fort que lorsqu'il a la voix impuissante à produire les nuances, sans lesquelles il n'y a pas d'art possible.

XV

APRÈS LA CHASSE

27 Juillet 1859, sept heures du soir. *Dicté à Fanny* : Il me reste un bras !..... et du cœur.

4 Août. (Au crayon). J'ai pu écrire également au crayon ce matin quelques lignes à ma femme, pour lui donner courage...

6 Novembre. — Me voici à peu près guéri, si cela peut s'appeler être guéri...

Enfin je puis écrire... avec un bras mécanique !

Donc c'était le **27 juillet** dernier, à sept heures du matin. J'avais tué la veille deux tout petits faisans. Nous étions dans notre château de Villiers-sur-Marne, où Fiorentino et Mme Borghi-Mamo devaient venir passer la journée avec nous.

Je dis à Fanny :

— Vois donc ces faisans ! Comme ils ont pauvre mine ! Je vais tâcher d'en tuer encore deux.

Et je prends mon fusil, je vais dans le parc. A cent mètres de l'entrée principale, je mets mon fusil au pied d'une haie pour franchir un fossé.

Quand je veux le reprendre, je le saisis par le canon et je le tire à moi. Les broussailles opposent de la résistance, font jouer la gâchette et je reçois la décharge dans l'avant-bras droit.

Ma pauvre Fanny ! En me voyant rentrer ensanglanté, mutilé, elle ne sut que crier. La douleur l'avait clouée sur place.

Mon bras était horriblement fracassé. Le coup avait fait balle, les os étaient broyés sur une longueur de dix à quinze centimètres.

René Lordereau, qui était au château, envoya vite chercher à Paris les docteurs Laborie et Huguet. En les attendant, le médecin du pays fit un premier pansement qui me calma. Je pus même chanter. Dans un pareil état, c'était ma voix qui m'inquiétait. J'attaquai un motif des *Huguenots*.

— La voix est bonne, dis-je à Fanny. Ça ne sera rien.

A midi, les docteurs arrivèrent ; ils jugèrent l'amputation nécessaire, et encore fallait-il qu'elle fût immédiate.

On n'osait pas me l'annoncer ; moi je comprenais bien... J'étais prêt... On m'endormit.

Il paraît que, sous l'influence du chloroforme, au moment même où on me coupait le bras, je chantai de nouveau...

Le soir, on portait mon avant-bras à l'hospice Beaujon, pour attester qu'on ne l'avait coupé qu'à toute extrémité... Il servit depuis au modelage de l'avant-bras mécanique qui lui a succédé sans le remplacer, hélas !

15 Décembre 1859. — Je sors de l'Opéra où vient d'avoir lieu la grande représentation à mon bénéfice. Vingt-trois mille trois cent

quatre-vingt-dix francs de recette. O mon cher Paris, merci !

J'ai ouvert la soirée par le premier acte de la *Dame blanche*. Duprez, magnifique dans le deuxième acte de la *Juive*. Mme Miolan Carvalho, superbe dans le prélude de Bach, arrangé par Gounod. Immense succès pour Alboni, dans le cinquième acte du *Prophète*, pour Ferraris et Mérante dans l'intermède, pour Gueymard dans le quatrième acte de la *Favorite*.

Je n'avais pas chanté en public depuis l'horrible accident. Dans la coulisse, Fanny, haletante, suivait tous mes mouvements.

Elle s'est jetée, ivre de joie, dans les bras du prince Poniatowski, qui m'a toujours suivi et aimé depuis dix ans et qui pleure d'émotion.

L'Empereur et l'Impératrice assistaient à la représentation.

1er SEPTEMBRE 1860. — A Baden depuis le 27 juillet. Chanté quatre fois la *Colombe* de Gounod. Pris part au magnifique festival de Berlioz. Je vais jouer à Carlsruhe la *Dame blanche*, les *Huguenots* et le *Prophète*.

La princesse régente de Prusse m'invite à me rendre à Berlin, et j'ai pris en outre l'engagement d'aller donner quelques concerts à Pétersbourg. Ne pensons plus à mon bras.

30 Octobre. — Donné à Hombourg quatorze représentations qui m'ont rapporté dix-huit mille francs.

30 Novembre 1860, Marseille. — Donné dix représentations, grand succès malgré les méfiances semées dans le public à mon égard.

31 Décembre 1860. — Joué dans le courant du mois, deux fois à Saint-Etienne, cinq fois à Besançon.

Dimanche 6 Janvier 1861, Hanovre. — Les *Huguenots*, neuf rappels.

Mercredi 9. — La *Dame blanche*, six rappels. Le roi m'a fort applaudi.

Lundi 14. — Chanté le soir chez M. de Malavet « *Si j'étais, ô ma souveraine,* » de Monpou; *Erlkœnig* et *Page, écuyer, capitaine*. La soirée avait un aspect singulier ; toutes les dames en noir à cause du deuil du roi de Prusse.

28 SEPTEMBRE 1878. — Je viens de relire ce carnet si souvent interrompu, mais si plein toutefois de renseignements artistiques.

Je n'ai pas à en désavouer une seule ligne. J'ai bien mis dans ces pages plus que mes aventures de ténor errant, mes sensations, mes pensées.

Je peux ouvrir ce carnet à tout le monde. Si j'y parle souvent de mes succès, je les décris avec une telle sincérité qu'on ne saurait me taxer d'orgueil.

Puis si j'ai eu des succès, j'ai toujours travaillé pour les avoir. Je les ai eus comme il était permis à un véritable artiste de les conquérir. Je n'ai jamais fait de sacrifices aux goûts changeants du public.

J'aime l'Art avec passion ; il a été le culte de ma vie, et s'il m'est arrivé de me réjouir des applaudissements dont on récompensait mes efforts, j'en étais fier, non pour l'humble prêtre que j'étais, mais pour le dieu que je servais.

FIN

TABLE

—

ÉVREUX, IMPRIMERIE DE CHARLES HÉRISSEY.

9 782329 025469